名师名校名校长

凝聚名师共识
回应名师关怀
打造名师品牌
培育名师群体

驿路播种
花开有期

培智学校班会课设计与实施

刘玲　叶萍果　曹思思 / 主编

中国出版集团　　现代出版社

图书在版编目（CIP）数据

驿路播种　花开有期：培智学校班会课设计与实施 /
刘玲，叶萍果，曹思思主编. —北京：现代出版社，
2022.11

ISBN 978-7-5231-0036-3

Ⅰ.①驿… Ⅱ.①刘… ②叶… ③曹… Ⅲ.①儿童教
育—特殊教育—班会—教学设计 Ⅳ.①G764

中国版本图书馆CIP数据核字（2022）第219450号

驿路播种　花开有期：培智学校班会课设计与实施

作　　者	刘　玲　叶萍果　曹思思	
责任编辑	张红红	
出版发行	现代出版社	
地　　址	北京市安定门外安华里504号	
邮政编码	100011	
电　　话	010-64267325　64245264	
网　　址	www.1980xd.com	
印　　制	北京政采印刷服务有限公司	
开　　本	710mm×1000mm　　1/16	
印　　张	11.5	
字　　数	184千字	
版　　次	2022年11月第1版　　2022年11月第1次印刷	
书　　号	ISBN 978-7-5231-0036-3	
定　　价	58.00元	

目录

安 全

刘向说："患生于所忽，祸起于细微。"

正所谓疏漏是祸患的通道。隐患处处有，安全时时记，平安有保障。

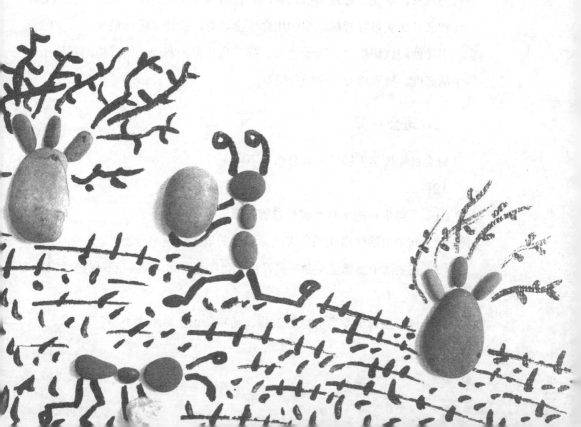

生命最宝贵

一、班会背景

《国家中长期教育改革和发展规划纲要（2010—2020年）》提出，"重视安全教育、生命教育、国防教育、可持续发展教育"。可见，从国家层面来看，生命教育受到了战略性重视。

智障学生存在各自不同的身心障碍，他们不能准确辨别危害生命安全的行为现象，不能较好地采取正确的自我防范与保护措施。因此，我们更有责任和义务切实做好智障学生的生命安全教育，设计"生命最宝贵"主题班会，引导他们认识生命，珍爱生命，提高自我保护意识，培养他们积极乐观的生活态度，树立珍爱生命的价值观。

二、班会目标

班会目标按学生层级不同分组（下同）。

A组：

（1）了解生命的孕育和成长过程，懂得生命来之不易。

（2）知道生活中潜在的危害生命安全的危险问题（行为）。

（3）在生活中能感受生命的美好，学会珍爱生命，提高自我保护意识。

B组：

（1）体验生命的孕育和成长过程，初步认识生命来之不易。

（2）知道生活中潜在的危害生命安全的危险问题（行为）。

（3）在生活中学会珍爱生命，提高自我保护意识。

C组：

（1）对于生活中潜在的危害生命安全的危险问题（行为）有所了解。

（2）在生活中提高自我保护意识。

三、班会重难点

（1）了解自己生命的历程，感受生命来之不易。

（2）在生活中珍爱生命，提高自我保护能力。

四、课时安排

1课时。

五、班会准备

1. 经验准备

（1）请家长准备学生母亲孕期（孕早期、孕中期、孕晚期）的照片；学生本人各成长阶段的照片（生病、受伤等情况）；平时家庭亲子生活照片。

（2）收集视频：请孩子们采访家长——我是从哪里来的？我在成长过程中最让爸爸妈妈操心的事情是什么？

2. 物质准备

（1）"宝贵的生命"操作板。

（2）各种大小的气球、篮球。

3. 其他准备

（1）《生命安全教育》《我是从哪来的》《生命诞生过程》视频等相关拓展资源。

（2）课件1份。

（3）"家校互动小打卡"10份。

安全

六、班会过程

1. 视频导入

老师布置一个任务，请学生问问爸爸妈妈，自己是从哪里来的。让我们一起来看一看，爸爸妈妈是怎么回答的。观看视频《我是从哪来的》导入主题："同学们，原来我们是从妈妈的肚子里生出来的，那我们是怎么在妈妈的肚子里慢慢长大并出生的，你了解吗？生命的起源和孕育过程很神奇、很有趣，今天我们来深入了解宝贵的生命。"

2. 认识生命的孕育和诞生过程

观看视频《生命诞生过程》，进一步了解生命的起源和孕育过程。

3. 认识自己的生命成长历程

观察孕期照：展示妈妈孕早期、孕中期和孕晚期的照片，简单讲解生命的摇篮——子宫。

（1）找一找：辨认妈妈孕早期（肚子较小）和孕晚期（肚子很大）宝宝快要出生的照片。

（2）说一说：学生不同成长阶段的照片：婴儿—幼儿—少儿。

（3）贴一贴：请学生将自己的照片进行排序，并按顺序粘贴到"宝贵的生命"操作板中。

4. 生命来之不易

（1）感受生命来之不易。

①讨论：我们在妈妈肚子里的时候，妈妈有什么样的感觉？

② 老师示范：将气球、篮球分别放入上衣内，模仿怀孕的妈妈，强调怀孕过程要小心呵护肚子里的宝宝。

③摸一摸：拿出不同大小的气球，请同学们放到衣服里（也可使用双面胶粘在腹部），体验妈妈孕期的感觉，模仿妈妈小心抚摸和爱护肚子里的宝宝。

④ 动一动：拿出篮球，请同学们放到衣服里（也可使用自制布条缠绕在腹部），模仿妈妈孕晚期走路的模样。

小结：怀孕时期要小心呵护肚子里的宝宝，随着妈妈的肚子越来越大、越来越重，行动也越来越不便，整个孕期妈妈都非常辛苦。

（2）感受生命的温度。

① 讨论：我的家人为我做了哪些事情？

② 说一说（展示家庭亲子生活照片）：父母给我喂奶、喂饭、哄睡觉等；我生病、受伤时父母用心照顾我；爸爸妈妈送我上学；给我讲绘本故事；陪我过生日；等等。

小结：爸爸妈妈为我们的健康成长付出了很多心血，给了我们暖暖的爱，我们在父母的呵护下慢慢长大。

5. 认识和避免生活中的危险问题

（1）观看视频，认识危害生命安全的各种行为：过马路闯红灯、玩火、玩各种刀具、私自下河游泳等。

（2）观看视频《生命安全教育》，了解各种生命安全的注意事项。

① 交通安全：遵守过马路走斑马线、红灯停绿灯行等。

② 居家安全：小心刀具、注意用火用电安全。

③ 防溺水安全：游泳要去正规场所、必须有成人陪同、游泳前要热身等。

6. 课堂小结

今天我们从"宝贵的生命"粘贴板看到了自己不同成长阶段的模样，感受到家人无时无刻地细心照料我们，最重要的是懂得了如何提高自我保护意识，让自己健康成长。我们知道生命最宝贵，生命只有一次，今后我们要用实际行动珍惜生命，让我们的生命有安全保障，让每一天都充满阳光和欢笑。

七、班会建议

（1）智障学生存在认知障碍，认识生命这样比较抽象的事物（概念）有一定的困难，需要结合日常生老病死等生命变化现象进行渗透。

（2）生命教育的授课过程要更形象直观，要多依托身边的事物，更多地引领学生参与饲养小动物、养护花草等活动，积累对于生命的认知，更有利于提高教学效果。

（3）利用"家校互动小打卡"，引导家长参与共同做好智障学生的生命教育。家长在日常生活中多引导学生观察身边的生命，善于挖掘生活中美好、积极的闪光点，并积极进行实践，让生命充实、丰富和升华。

八、拓展延伸

（1）共赏家庭相册。请家庭成员共同翻阅家庭相册或电子相片，重温家庭成员的成长变化。

（2）共读生命教育绘本。请家庭成员共同阅读一本生命教育绘本，细细品味绘本带来的生命知识。推介绘本《幼儿生命教育科学绘本：小宝宝从哪里来》《我们的身体》。

（3）共育生命。请家庭成员利用家里的场地共育一盆花或共栽一棵树，也可以是共同饲养金鱼等其他小动物，用文字或照片记录动物、植物的生长变化，并与同学分享。

九、家校互动小打卡

亲爱的爸爸妈妈：

本周我们开展了"生命最宝贵"主题班会活动，为了巩固和提升教育成效，请您引领、协助和督促孩子完成打卡（见下表）。谢谢您的支持和配合！

班会课题：生命最宝贵

打卡项目	完成情况			备注
	独立完成	部分完成	未完成	
1.整理家庭相册				
2.知道生命的来源				
3.照顾家里的小动物，养护小植物				
4.外出主动告诉家人				

安全过马路

一、班会背景

　　智障学生需要更好地适应生活，融入社会，因此交通安全知识的储备与运用显然非常的重要，交通安全也就成为日常安全教育的重要组成部分。

　　智障学生在认知、感官和动作等方面发展要比正常儿童滞后，自我保护意识和能力偏弱，平时得到锻炼的机会相对较少，他们习得的交通安全知识和技能需要更长的时间及更多的实践机会才能得到较好的应用与泛化（迁移）。因此，我们应该教给他们必要的交通安全知识，增强他们的自我保护意识和能力。设计"安全过马路"主题班会，激发学生学习交通安全知识的积极性，同时注重理论联系实践，将学生更多地带到路口、交通安全教育基地等场所进行练习，结合生活场景进行拓展教育，以促进他们良好的交通行为规范意识和能力在各种活动中得到进一步的巩固与加强。

二、班会目标

A组：

（1）认识三种安全过马路的交通标志和对应的设施。

（2）了解三种交通安全标识相对应的过马路方式。

（3）能根据实际情况选择恰当的过马路方式。

（4）初步养成遵守交通规则的良好习惯。

B组：

（1）认识三种安全过马路的交通标志和设施。

（2）基本了解交通安全标志所对应的过马路方式。

（3）在提示下根据实际情况选择合适的过马路方式。

（4）提高交通安全意识，初步形成遵守交通规则的良好习惯。

C组：

（1）初步了解安全过马路的方式，能听从指令遵守过马路的交通规则。

（2）在辅助下根据实际情况选择合适的过马路方式。

（3）强化遵守交通规则的意识。

三、班会重难点

（1）认识三种交通标志，知道其对应的过马路方式。

（2）强化交通安全意识，能正确选择过马路方式，在生活中能遵守过马路的规则。

四、课时安排

1课时。

五、班会准备

1. 经验准备

（1）请家长协助拍摄学生过马路的视频或照片（形式不限），收集横穿马路的危险行为（卡通动画或图片）的资料。

（2）收集学校周边、居住社区附近的斑马线、人行天桥和地下通道的照片。

2. 物质准备

（1）三块交通安全标志牌。

（2）图片及练习材料。

3. 其他准备

（1）课件1份。

（2）相关交通知识标志牌及拓展资源。

（3）"家校互动小打卡"10份。

六、班会过程

1. 观看视频，导入主题

（1）播放同学们过马路的视频或图片集锦：我们来看看周末同学们做什么了？他们有到马路对面去坐地铁的；有到马路对面去买东西的；有到马路对面的机构上课的……

讨论明确：大家都在家人的陪伴下，遵守交通规则，安全过马路。

（2）引入主题：你们知道如果横穿马路会发生什么危险吗？你会自己安全过马路吗？今天我们来学习怎样安全过马路。

2. 认识过马路的三种常见交通标志

（1）认识人行横道。

① 在我们过马路的时候，通常会看到这样的交通标志。

人行横道（又叫斑马线）标志：蓝底白色横线间隔，行人走斑马线。

人行横道指的是在车行道上用斑马线等标线或其他方法标示的规定行人横穿车道的步行范围，是防止车辆快速行驶时伤及行人而在车行道上标线指定需减速让行人过街的地方。

走人行横道也就是走斑马线，斑马线一般是由多条相互平行的白实线组成，好似斑马身上的线条，所以称作"斑马线"。斑马线的作用是引导行人安全地过马路。

② 说一说或指一指：请学生说出或指出图中的人行横道标志。

③ 圈一圈：请学生找到学校及家附近的人行横道并圈出来。

（2）认识人行天桥。

① 人行天桥标志：蓝底白图，行人向台阶上行走。用于指引行人通往天

桥入口的位置，设在天桥入口附近。

人行天桥多建造在车多人多的地段，或者是广场及铁路上面，用于避免车流和人流交汇时的冲突，保障人们安全地穿越马路，减少交通事故。

②说一说或指一指：请学生说出或指出图中的人行天桥标志。

③圈一圈：请学生找到学校及家附近的人行天桥并圈出来。

（3）认识人行地下通道。

①人行地下通道标志：蓝底白图，行人向下行走。

在城市交通比较拥堵复杂的路况中，为了让行人能大量、快速、安全地通过，解决交通拥挤和安全问题，同时起到美化城市的景观作用，可以修建人行地下通道。

②说一说或指一指：请学生说出或指出图中的人行地下通道标志。

③圈一圈：请学生找到学校及家附近的人行地下通道并圈出来。

3．练一练

分别给每名学生发放交通标志图片和名称卡片一组。

（1）说一说：请同学分别说说每张交通标志图片的名称及其所表示的交通规则。

（2）贴一贴：将标识名称贴到交通标志图片下方的方框里。

（3）比一比：看看谁能快速、准确找到老师说的交通标志。

4．找一找，我会选择合适的方式过马路

当我们过马路时，看到以下标志代表我们可以用什么方式过马路？请将交通标志和相应的图片连线。

5．课堂小结

今天我们认识了三种交通标志，知道了三种安全过马路的具体方式。今后我们过马路时可以通过观察辨别交通标志，选择正确的方式过马路，希望同学们都能自觉遵守过马路的交通安全规则，成为安全小卫士。

七、班会建议

（1）学习辨别交通安全标志，要从生活中最常见的交通标志开始。

（2）由于智障学生的反应能力、判断能力和自我保护能力较弱，因此不仅要通过交通安全主题班会教育，日常教学和生活中还要利用主题园地、举行安全知识小竞赛等形式多巩固，帮助学生提高交通规则意识，减少意外事故发生。

（3）针对智障学生在生活中泛化能力较差的特点，前期准备素材时，需要得到家长的协助，请家长拍摄居住社区的交通标示牌和路口图片，从生活情境导入，让学生从熟悉的环境中了解过马路的正确方式，理解交通安全标志与过马路方式之间的关系，为进一步学习系统的交通安全知识做好准备。

八、拓展延伸

（1）了解其他各种交通安全标志。

（2）前往社区附近的交通安全教育基地参观。

九、家校互动小打卡

亲爱的爸爸妈妈：

本周我们开展了"安全过马路"主题班会活动，为了巩固和提升教育成效，请您引领、协助和督促孩子完成打卡（见下表）。谢谢您的支持和配合！

班会课题：安全过马路

打卡项目	完成情况			备注
	独立完成	部分完成	未完成	
1.寻找交通标志：人行横道、人行天桥、人行地下通道				
2.根据交通标志指引找到人行横道				
3.根据交通标志指引找到人行天桥				
4.根据交通标志指引找到人行地下通道				

安全

居家安全

——小心刀具

一、班会背景

《培智学校义务教育劳动技能课程标准（2016年版）》关于中年级（四至六年级）的"知识与技能目标"明确规定："学会使用厨房用具，掌握基本的食材加工技能和厨房劳动技能。"从课标来看，智障学生显然也必须掌握相关的厨房劳动技能，但厨房存放了菜刀、削皮刀等锋利的刀具，而智障学生比较缺乏生活经验和安全常识，自我保护意识不够，刀具使用不当极易引发安全事故。因此，引导智障学生认识各种厨房刀具，知道刀具使用不当可能造成伤害事故，从而帮助他们提高安全使用刀具的意识，在保障安全的前提下提高他们的动手能力和自我服务能力，为他们今后过上更有质量的生活奠定良好的基础。

二、班会目标

A组：

（1）认识常见的厨房刀具及其功能。

（2）知道刀具使用不当容易造成伤害事故。

（3）形成安全使用刀具的自我保护意识。

B组：

（1）认识常见的厨房刀具及其功能。

（2）知道刀具使用不当容易造成伤害事故。

（3）形成一定的自我保护意识，不玩弄刀具。

C组：

（1）能指认常见的厨房刀具。

（2）了解刀具使用不当的危险，不玩弄刀具，初步形成一定的自我保护意识。

三、班会重难点

（1）认识常见的厨房刀具，知道刀具使用不当容易造成伤害事故。

（2）形成安全使用刀具的意识。

四、课时安排

1课时。

五、班会准备

1. 经验准备

收集学生在厨房协助完成择菜、洗菜等工作的图片。

2. 物质准备

（1）水果刀、菜刀、削皮刀。

（2）各类厨房安全事故的图片。

3. 其他准备

（1）安全教育平台视频《让孩子知道远离厨房的危险》。

（2）《安全使用刀具》课件1份。

（3）"家校互动小打卡"10份。

安全

六、班会过程

1. 图片导入

同学们，你们在家帮爸爸妈妈做过哪些事情？（观看图片，说一说）有的同学和家长一起择菜，有的同学帮助家长洗菜，非常棒！如果大家想帮忙做美食，还需要了解更多的厨房安全常识。厨房里面有各种电器和刀具，我们今天一起来学习"居家安全——小心刀具"。

2. 厨房危险知多少

（1）观看视频《让孩子知道远离厨房的危险》。

（2）提问：从刚才的视频中，你们发现厨房有哪些危险的物品吗？对，就是厨房的各种刀具。

3. 认识厨房刀具

（1）出示实物。

这些都是我们在厨房常见的刀具：水果刀、菜刀、削皮刀。

（2）认识厨房各类刀具的用途。

削皮刀去除瓜果皮，水果刀切各类水果，菜刀切青菜、肉类。

4. 认识各类刀具的特点（出示课件）

（1）不同刀具的特点。

削皮刀：款式多样，比较小巧。

水果刀：小巧锋利。

菜刀：大而锋利。

（2）共同特点：都是刀具，使用不当会给身体造成伤害。

5. 观看视频，回答提问

提问：为什么说刀具很危险，使用不当会怎么样？

刀具锋利的刀刃容易让人受伤（图片呈现）：

小朋友玩弄刀具，手指受伤了，妈妈帮他贴上创可贴。

妈妈切菜伤到自己的手指，伤口流血不止，去医院包扎。

6. 讨论：是什么原因造成刀具伤害事故

（1）小朋友握刀方法错误，容易导致手掌流血。

（2）小朋友将刀具掉到地上，容易导致脚部受伤。

（3）小朋友使用刀具时不专心，边说话边切食物，容易导致手指受伤。

7. 视频演示，了解刀具的使用方法

（1）学一学：手握刀柄、刀刃朝下、小心慢用、用毕放好。

（2）做一做：请同学们学习握刀的方法，从小到大，从轻到重，学习正确握持刀具的方法。

（3）说一说：使用刀具时，要注意安全，不能拿刀具玩耍，避免误伤。

8. 找一找：谁是安全小能手

找出展示的图片中正确使用各类刀具的小朋友，给他点赞。

9. 课堂小结

今天我们认识了厨房刀具，也学习了使用刀具需要注意的安全事项。希望大家在日常生活中能够小心使用刀具，如果受伤了，不要害怕，记得要在第一时间告诉家长或老师，让他们协助做好伤口的处理。

七、班会建议

（1）美味的食物往往能激发学生的学习热情，智障学生和普通孩子一样都渴望自己动手制作美食，并且得到认可。制作美食的过程并不容易，因此，可以通过学生以往帮忙洗菜、择菜的图片或视频来激发他们参与的积极性。

（2）由于智障学生的动手能力各不相同，因此，在准备教具的时候要充分考虑孩子们的能力差异，既要激励他们参与劳动，又要保障他们的安全和遵循循序渐进的基本原则。

（3）教育源于生活，生活成就教育。为了使家校配合更好地完成刀具安全教育，可以鼓励家长在孩子能力范围内，多让孩子参与体验使用刀具的活动，如使用剪刀做手工、使用塑料刀分蛋糕、使用菜刀切蔬菜等，根据学生

安全

实际动手能力选择合适的刀具，并注意记录、收集和积累。

八、拓展延伸

（1）了解生活中其他锋利的刀具：剪刀、美工刀、卷笔刀等。

（2）了解生活中其他锋利的物品：刚削好的铅笔、树枝等。

九、家校互动小打卡

亲爱的爸爸妈妈：

本周我们开展了"居家安全——小心刀具"主题班会活动，为了巩固和提升教育成效，请您引领、协助和督促孩子完成打卡（见下表）。谢谢您的支持和配合！

班会课题：居家安全——小心刀具

打卡项目	完成情况			备注
	独立完成	部分完成	未完成	
1.不玩刀具				
2.知道各类刀具的相应功能				
3.知道刀具使用不当会造成伤害事故				
4.使用塑料刀切蛋糕				

防溺水，懂求助

一、班会背景

广东省夏季气候炎热，在高温下，游泳成为最受人们喜爱的解暑活动形式之一。游泳也是智障学生特别喜欢的活动，水上运动有助于提高他们的身体素质和身体协调性，促进他们康复成长。

但近年来，游泳成为中小学生的"生命杀手"。据报道，每年5—8月，溺水身亡的中小学生的数量触目惊心，让人痛心！因此，及时而有效地做好智障学生的防溺水教育，显然具有特别重要的意义。通过"防溺水，懂求助"主题班会，希望引导智障学生懂得安全戏水的有关常识，学会紧急情况下向他人求助，提高自我保护的意识和能力。

二、班会目标

A组：

（1）了解溺水的有关常识，提高对溺水危险后果的认识。

（2）牢记防溺水的安全知识，懂得外出游泳需要家长陪同以及如何做好游泳前的准备工作以防溺水。

（3）初步掌握相关的自救知识，能在紧急情况时及时求助，提高安全意识和求助能力。

B组：

（1）初步了解溺水的有关常识，提高对溺水危险后果的认识。

（2）了解防溺水的安全知识，在提示下能做好游泳的相关准备工作，懂得危险情况下必须及时求助。

C组：

（1）初步了解溺水的危险后果，提高防溺水的安全意识。

（2）在辅助下能配合做好游泳的相关准备工作，在家长陪伴和指导下安全地参加水上运动。

三、班会重难点

（1）学习防溺水的安全知识。

（2）提高防溺水的安全意识和求助能力。

四、课时安排

1课时。

五、班会准备

1. 经验准备

（1）收集学生周末的"小心愿"卡，获知游泳是学生最喜欢的活动。

（2）请家长提供以往孩子戏水或游泳的照片（视频）。

（3）结合新闻事件讨论"溺水事故"。

2. 物质准备

游泳衣、游泳圈、游泳镜、口哨。

3. 其他准备

（1）儿童溺水事故视频。

（2）游泳热身操等相关拓展资源。

（3）课件1份。

（4）"家校互动小打卡" 10份。

六、班会过程

1. 观看视频，导入主题

同学们，马上就要到周末了，你们想做些什么呢？我们收集了周末"小心愿"卡，了解到同学们最喜欢的夏季活动是游泳（出示游泳图片）。是的，很多同学周末都喜欢去游戏，但游泳需要注意很多安全事项，否则很容易出现安全事故，我们一起看看视频中的小朋友怎么了。播放儿童溺水事故视频，引出主题——"防溺水，懂求助"。

2. 懂得防溺水安全知识

同学们若没有做好充分的准备，安全意识不够，就容易出现安全事故，甚至会失去宝贵的生命，因此，学习游泳安全知识非常重要。

（1）游泳前需征求父母同意，游泳过程需要有家长陪伴在身边。

（2）必须选择有救生员和救生设备的正规场所，不能去池塘、小溪、水库中游泳。

（3）游泳前需准备好游泳衣、游泳镜、游泳圈等物品，并懂得正确使用。

（4）游泳前要做好热身操，下水佩戴游泳圈和口哨，谨慎前往深水区。

（5）关注身体情况。

① 身体有感冒等不适症状，不要去游泳或戏水。

② 如遇身体不适，如出现头晕、手脚发麻、抽筋等症状，必须及时呼喊家长或救生员等，请求帮助。

3. 求助他人的信号

（1）语言信号：大声求助——"救命啊""请帮帮我"。

（2）身体信号：如遇头晕等身体不适，可招招手、举高双手、挥动手臂等。

（3）吹口哨，请求帮助。

4. 游泳安全知识竞赛

（1）挑一挑：请在下列实物中找出游泳需要准备的物品。

安全

（2）做一做：游泳之前的热身活动有哪些？模仿做一做。

（3）演一演：游泳的时候遇到身体不适怎么办？如何向他人求助？

5. 课堂小结

通过今天的班会课，同学们懂得了"防溺水，懂求助"的很多安全知识，包括游泳的物品准备，游泳前需要做热身操，还有游泳时发生意外情况应该怎么办。如果条件允许的话，爸爸妈妈可以实现你们的小心愿，周末会带你们去游泳，希望大家在游泳过程中保持安全警惕意识，遇到危险保持冷静，及时向家长或救生员等求助。

七、班会建议

（1）游泳既可以锻炼身体，增强体质，还可以提高身体的协调性，很多家长会选择带孩子去游泳，但是每年都发生不少溺水事故，一个个案例让人痛心和深思。因此，每年夏季，要及时开展防溺水安全教育活动，在日常生活中也要渗透防溺水安全常识，同时要和家长多沟通，提醒家长保持警惕，家校合作共同做好防溺水安全工作。

（2）班会前，注意收集学生以往游泳的视频和照片，激发学生学习防溺水知识教育的积极性。同时，为了使课堂更加直观，可以提前收集资料，从溺水事故的视频或图片资料中切实向学生展示做好防溺水、保安全的重要性。

八、拓展延伸

1. 完成周末"小心愿"，爸爸妈妈带孩子去游泳（戏水）

（1）共同准备游泳物品，讨论各种物品的用途和重要性。

（2）亲子热身操，做好热身准备。

（3）共同确定一个表达身体不适的身体信号，如摇头、招手等，也可以根据孩子的实际情况，准备一个小口哨，身体不适时用于求助。

2. 分享绘本

教师提供绘本《北极熊学游泳》。

3. 交流讨论

教师提供一则"溺水事件"的新闻（案例）。

九、家校互动小打卡

亲爱的爸爸妈妈：

本周我们开展了"防溺水，懂求助"主题班会活动，为了巩固和提升教育成效，请您引领、协助和督促孩子完成打卡（见下表）。谢谢您的支持和配合！

班会课题：防溺水，懂求助

打卡项目	完成情况			备注
	独立完成	部分完成	未完成	
1.亲子合作完成"防溺水"手抄报				
2.游泳前完成热身操				
3.游泳遇紧急情况能求助家长或他人				
4.认识各种游泳物品，了解其用途				

健 康

爱默生说："健康是智慧的条件，是愉快的标志。"

健康是一种身体上、精神上的完美状态以及良好的适应力。拥有健康，才能身心和谐，获得有质量的生活。

饮食安全须牢记

一、班会背景

饮食安全与学生的健康息息相关，了解饮食安全常识可以使我们远离危害生命健康的源头。我们发现，一些智障学生喜欢把小硬片、碎纸等物品放入口中；不洗手就用餐；捡掉在地上或倒入垃圾桶的食物吃；不能分辨食物是否在保质期内……这些现象显然给智障学生的饮食安全带来了隐患。因此设计"饮食安全须牢记"主题班会，希望引导智障学生注意饮食的安全与了解卫生常识，以便较好地防止一些饮食隐患问题发生，促进他们身心健康成长。

二、班会目标

A组：

（1）了解随意吞食物品的危害及可能造成的后果。

（2）懂得安全、卫生饮食的有关常识，养成良好的饮食习惯。

（3）因饮食不当，造成身体不适，懂得及时求助。

B组：

（1）初步了解随意吞食物品的危害及可能造成的后果。

（2）能听从指导，安全、卫生地饮食。

（3）因饮食不当，造成身体不适，在引导下懂得求助。

C组：

（1）在老师的指导下能分辨常见的不能进食的东西，能听从指导，安全、卫生地饮食。

（2）能配合要求安全饮食。

三、班会重难点

（1）了解随意吞食物品的危害及可能造成的后果。

（2）在生活中建立和强化安全饮食的意识。

四、课时安排

1课时。

五、班会准备

1. 经验准备

（1）观察并收集学生平时不当饮食的视频和照片。

（2）观看动画片《餐桌上的礼仪》。

2. 物质准备

（1）人体结构模型。

（2）图片资料。

3. 其他准备

（1）视频片段：《进餐时》《肚子为什么疼》《好吃的鱼》。

（2）"家校互动小打卡"10份。

六、班会过程

1. 案例导入，引出课题

（1）教师讲述真实案例：《卡在喉咙里的纽扣》（利用图片进行解说）。

一天，5岁的龙龙突然咳嗽不停，而且有时喘不上气来，晚上也睡不好觉。爸爸妈妈赶快带他到医院去检查，做了很多检查，医生诊断是患了重感冒，住院治疗一个星期，病情有所好转，便出院回家了。可是回家不到一天，龙龙又咳嗽不停，整晚睡不着觉，可难受了。爸爸妈妈急坏了，带他来到另一家医院，最后经过拍片检查，医生从他喉咙的侧面取出了一颗纽扣。医生说这颗纽扣卡住的部位，一般检查很难发现，幸亏来得及时，要不就会有生命危险。经过医生的精心治疗，龙龙终于康复了。出院时，医生认真地告诉龙龙说："小朋友，记住以后一定不能把危险的东西放入口中。"

（2）提问并讨论。

① 龙龙的身体很难受，爸爸妈妈几次带他去医院？

② 医生从龙龙的喉咙里取出了什么？说说为什么会这样？

③ 医生对龙龙说了什么？

（3）教师小结，导入课题。

把玩具等小东西随便放进嘴里，会影响身体健康，甚至危及生命，大家记住千万不要随便往嘴里塞东西。要了解饮食安全需要注意哪些问题，让我们一起来学习《饮食安全须牢记》。

2. 分组讨论

提问：你们知道还有哪些东西特别危险，不能放入口中？

A组、B组、C组各选一名同学组成三人小组，引导各组通过抢答方式回答问题。

3. 观看视频，明确安全进食的有关注意事项

（1）观看视频《进餐时》。

内容呈现：幼儿在吃饭时，有的在说笑，有的嘴里含着食物在玩玩具，有的在跑动甚至追打。

（2）观后讨论：小朋友这样做，对吗？为什么？

（3）利用人体模型演示说明：人在吃饭时，食物要经过食管，再到胃，

如果吃饭时说笑、跑动，食物就会"走错路"，掉进气管造成呛气，严重者可能卡在气管里，甚至造成窒息而亡。所以小朋友吃饭和喝水时，一定要安静，不能说笑和打闹。

4. 观看视频《肚子为什么疼》，了解卫生饮食的有关常识

（1）分析案例。

一天，妈妈从幼儿园接冬冬回家，冬冬闹着要妈妈买烤肠，妈妈只好给冬冬买了两根吃。回到家，冬冬看见篮子里盛着很多草莓，抓起来就吃，妈妈说："冬冬，等洗干净了再吃。"冬冬不怕脏，吃了好多个。夜里，冬冬肚子疼得不得了，只好半夜去看医生。

（2）观后讨论：冬冬的肚子为什么会疼？请把你的建议告诉他。

（3）看图说说，饮食卫生还需要注意哪些问题？

① 老鼠、苍蝇叮咬过的食物不能吃。

② 过期、变质的食物不能再食用。

③ 没洗干净或掉地上的食物不能抓起来就吃。

（4）教师小结：大街上的烧烤食物特别不卫生，而且吃了容易致癌；吃水果之前一定要清洗干净；购买食物一定要查看质量安全标志和食品保质期；腐烂变质，老鼠、苍蝇叮咬过的食物不能吃，否则会食物中毒；饮食卫生很重要，大家要把这些注意事项记在心上。

5. 观看视频《好吃的鱼》

明确：饮食不当，出现身体不适，应该及时求助。

（1）观看情境视频。

今天是星期天，明明妈妈买回了一条大鲤鱼，妈妈做了一道好吃的葱油鲤鱼。明明闻着香香的味道忙着吃了起来，妈妈说："明明，别着急，把鱼刺弄干净了再吃！"但明明还是急急地吃着，结果鱼刺卡在了喉咙，明明难受地哭了起来。妈妈一边安慰明明，一边带他去医院，医生阿姨费了好大劲才帮他把鱼刺取了出来。

（2）分组讨论：为什么鱼刺会卡在明明的喉咙？鱼刺卡在喉咙应该怎么办？

（3）小结：小朋友吃鱼时，一定要仔细把鱼刺挑干净再吃。一旦被鱼刺卡住了，要冷静，不要哭，应赶快告诉家长或老师，让他们带你去找医生处理。

6. 看图判断：说说他们做得对不对

（1）夏天来了，天气太热，我喝了冰饮料，又吃了三根雪糕。

学生：不对。因为夏天天气虽然很热，但也要少吃过凉的食品，因为吃太多冰冷的食品会让胃宝宝难受，导致肠胃不适，容易拉肚子。

（2）小朋友拿一个玻璃弹珠放在嘴里玩。

学生：不对。因为玻璃弹珠是危险物品，千万不能放在嘴里玩，否则会像纽扣、鱼刺那样卡在喉咙里，容易出现危险。

（3）小朋友一边走一边喝水，呛到了自己。

学生：不对。在运动或行走过程中喝水容易呛到，可以停下来喝好水再走动。

7. 课堂小结

今天我们了解了几个不注意饮食安全和卫生差点造成危害的案例，这些现象给我们敲响了警钟，希望大家在平时的生活中能注意饮食安全，预防可能造成身体危害的事故，确保身体健康成长！

七、班会建议

（1）在举例时可收集学生日常生活中不太注意饮食安全和卫生的图片与视频素材，从生活情境出发，会取得更好的教学效果。

（2）在班级日常管理过程中，也可以将食品安全卫生的有关知识不断呈现，会达到多次巩固、泛化应用的效果。

八、拓展延伸

（1）跟家人一起清理冰箱，把超过保质期、不新鲜的食物清理掉。

（2）亲子共读绘本《食品安全知识读本》。

九、家校互动小打卡

亲爱的爸爸妈妈：

本周我们开展了"饮食安全须牢记"主题班会活动，为了巩固和提升教育成效，让学校的知识内容泛化到日常生活中，请您引领、协助和督促孩子完成打卡（见下表）。谢谢您的支持和配合！

班会课题：饮食安全须牢记

打卡项目	完成情况			备注
	独立完成	部分完成	未完成	
1.饭前便后会洗手				
2.跟家人一起去超市挑选新鲜的蔬菜、水果				
3.和家人一起清理冰箱				
4.安静进食，注意餐桌上的礼仪				

健康

营养均衡保健康

一、班会背景

维持人的生命活动需要不同食物，我们可以从中获取身体所需的多种营养成分。"营养"一词已成为当今人们的口头禅。究竟吃什么才有营养？怎样吃才最益于健康？从科学角度看，真正有营养的饮食模式需讲究均衡搭配。但对于认知发展滞后的智障学生来说，他们大部分都有偏食的习惯，为了帮助他们有效地建立"营养均衡"的意识，本节课将从学生的生活体验出发，了解偏食对身体的危害，引导他们将自己的饮食习惯与科学的膳食宝塔进行比较，思考当面对种类丰富、营养不同的食物时，该如何选择搭配，提高合理饮食的意识。

二、班会目标

A组：

（1）知道人的身体需要不同的营养，懂得营养均衡的重要性。

（2）了解偏食对身体的危害和影响，不偏食、不暴饮暴食。

（3）纠正不当的饮食习惯，初步形成健康生活的意识。

B组：

（1）知道人的身体需要不同的营养，了解营养均衡的重要性。

（2）能在老师的指导下健康饮食，不偏食、不暴饮暴食。

（3）能在老师的指导下纠正不良饮食习惯，初步形成一定的健康生活意识。

C组：

（1）能配合要求少吃甜食和垃圾食品，不暴饮暴食。

（2）能按照学校或家庭提供的营养配餐用餐，提高健康生活的意识。

三、班会重难点

（1）知道人的身体需要不同的营养，懂得营养均衡的重要性。

（2）按照学校或家庭提供的营养配餐健康饮食，纠正挑食、暴饮暴食的不良饮食习惯。

四、课时安排

1课时。

五、班会准备

1. 经验准备

（1）请家长协助提供孩子周末在家的饮食视频。

（2）收集学生在校用餐的小视频。

2. 物质准备

（1）膳食宝塔图。

（2）"营养师"帽子。

（3）胖胖、瘦瘦卡通模型。

（4）配餐用一次性餐盘。

（5）加工好的食物图片一组（米饭；鸡肉、鸭肉、鱼肉、牛排；煎蛋；各种蔬菜、水果；冰激凌等冷饮；蛋糕、面包等甜点；糖果、饼干等零食）。

3. 其他准备

（1）课件1份。

（2）"家校互动小打卡"10份。

六、班会过程

1.动画导入，引出课题

（1）播放动画视频，说说胖胖和瘦瘦分别有什么突出特征？听一听卡通人物胖胖和瘦瘦说他们的烦恼。

① 大家好，我叫胖胖，今年才9岁，可是体重已超过120斤了，别人都喜欢盯着我，有的人叫我"小胖墩"。因为太胖给我的学习和生活带来了很多的麻烦。现在我好想马上甩掉这一身肥肉啊！

② 大家好，我是学校里出了名的"瘦瘦"，虽然我已经9岁了，可是体重只有40斤，大家都说我四肢瘦得像豆芽儿似的，爸爸妈妈为我担心得不得了，可是我就是不想吃饭，真不知道该怎么办才好啊！

（2）讨论：听了两位小朋友的介绍后，请大家说说他们有什么烦恼，并一起讨论他们身体出现这种情况的原因。

（3）引出课题：吃得太少或过分偏食导致身体瘦弱；吃得太多或饮食不当导致身体肥胖。太胖或太瘦都不是健康的表现，上面的两个小朋友的问题都与饮食习惯不当有关。今天我们来学习"营养均衡保健康"一课，学习有关健康饮食的常识。

2.设计午餐（自助餐），呈现问题

（1）活动准备：呈现已加工好的食物图片一组（米饭；鸡肉、鸭肉、鱼肉、牛排；煎蛋；各种蔬菜、水果；冰激凌等冷饮；蛋糕、面包等甜点；糖果、饼干等零食）。

（2）学生活动：请同学们选择不同食物图卡，放于一次性餐盘中，自助配餐为自己搭配一份营养丰富的午餐。

老师适当提示，引导学生根据自己的兴趣和食量选择与搭配，能吃多少点多少，尽量不要浪费。

（3）学生展示交流自己搭配的"自助午餐"。

（4）师生讨论并明确：同学们搭配好的午餐存在营养搭配不当的问题，有的同学点餐太多，会造成浪费的问题。我们想请"营养师"来给我们做分享和指导。

3. "营养师"的帮助

（1）配班（辅课）教师戴上"营养师"帽子，扮作营养师。

（2）"营养师"分享：今天我给同学们带来了一张图，它是一张膳食宝塔示意图，它给我们获取均衡营养素提供了参考，在它的帮助下我们能够轻松、正确地选择食物。请同学们认真看图片并进行小组讨论。

① 宝塔中的食物分别为我们提供了哪些营养？

② 宝塔中不同种类食物的食用量又告诉我们什么？（课件出现）

③ 从整个宝塔的结构来看，你们又有什么发现呢？我们在搭配食物时应注意什么？

（3）分组交流：A组、B组、C组各选一名同学组成一个小组，对照"均衡膳食宝塔"的标准，分别说说自己设计的自助午餐是否合理。

（4）"营养师"指导一日三餐的搭配。

4. 我会搭配一日三餐

（1）学生活动：听了"营养师"的分享后，相信同学们已迫不及待地想要调整自己的午餐了吧？那就让我们按照"营养师"的建议去配餐吧。

① 请同学们对不太合理的自助午餐进行调整：如是否过量，品种是否单一等。

② 请同学们根据"营养师"的建议，把早餐和晚餐搭配好，使一日三餐营养均衡。（课件呈现）

（2）讨论交流：看看大家设计的一日三餐是否合理。

（3）教师小结：通过"营养师"的指导，同学们都懂得了要合理地安排自己饮食的道理，回到家我们也可以和爸爸妈妈多交流，怎样才能吃得健康又营养。

健康

5. 观看小视频，讨论

讨论：他们在家的饮食习惯好不好？我们可以给他们什么建议？

明确：不偏食、不暴饮暴食、营养均衡，才能保健康。

6. 课堂小结

今天我们看到两个小朋友因为不好的饮食习惯，导致长得太胖和太瘦，看上去都不太健康。我们也了解到，有些同学也有一些不好的饮食习惯，偏食或者暴饮暴食，这样都非常不利于身体健康，希望大家记住"营养师"的话，不偏食、不暴饮暴食，平时生活中注意调整，均衡饮食保健康。

七、班会建议

对于智障学生而言，要养成营养均衡、合理饮食的生活习惯，有着较大的困难。可以以此为契机，将膳食宝塔图和学生设计的自助餐作品张贴在班级内，利用课间活动等形式，不断巩固膳食宝塔知识的学习，以提高学生均衡饮食的意识，并逐步纠正其不当的饮食习惯。

八、拓展延伸

（1）与爸爸妈妈合作，设计营养均衡的一日三餐。

（2）亲子共读《多多什么都爱吃》。

九、家校互动小打卡

亲爱的爸爸妈妈：

本周我们开展了"营养均衡保健康"主题班会活动，为了巩固和提升教育成效，让学校的知识内容泛化到日常生活中，请您引领、协助和督促孩子完成打卡（见下表）。谢谢您的支持和配合！

班会课题：营养均衡保健康

打卡项目	完成情况			备注
	独立完成	部分完成	未完成	
1.找出自己不良的饮食习惯（1~2个）				
2.参与家庭的营养配餐活动				
3.听从建议少吃零食和不健康食物				
4.不偏食、不暴饮暴食				

健康

坚持锻炼强体质

一、班会背景

《中华人民共和国宪法》规定："国家培养青年、少年、儿童在品德、智力、体质等方面全面发展。"可见，提高青少年、儿童的身体素质具有非常重要的意义。智障学生运动能力相对偏弱，他们也不能较好地认识到运动对于身体健康的重要意义。为了提高智障学生通过运动不断增强体质的意识，促进其养成坚持锻炼的良好习惯，开展"坚持锻炼强体质"主题班会，这样既符合智障学生身心发展的需要，又能促进他们更好地适应生活，融入社会。

二、班会目标

A组：

（1）了解常见的体育运动项目，认识自己喜爱的运动器材的特点。

（2）懂得坚持锻炼对身体健康的意义。

（3）积极参加体育运动，提高锻炼增强体质的意识，养成良好的运动习惯。

B组：

（1）了解常见的运动器材及其使用方法，能说出自己喜欢的体育项目。

（2）懂得坚持运动能增强体质的道理。

（3）听从老师指导，完成锻炼计划，提高主动锻炼的意识。

C组：

（1）认识自己喜爱的运动器材，能在老师的指导下参与合适的运动项目。

（2）感受体育运动带来的快乐，增强运动的主动意识。

三、班会重难点

（1）知道锻炼对身体的重要性，了解常见的运动方式和运动过程的注意事项。

（2）提高运动增强体质的意识，体验运动的快乐，强化运动的良好习惯。

四、课时安排

1课时。

五、班会准备

1. 经验准备

（1）拍摄学生课间运动或体育课的视频（照片）。

（2）请家长协助提供亲子运动的照片。

2. 物质准备

（1）人体模型。

（2）平衡车、呼啦圈等运动器材。

（3）学生参加学校、社区等不同级别、不同形式的运动会活动的奖牌（奖杯、奖状等）。

3. 其他准备

（1）课件1份。

（2）《健康操》音乐。

（3）绘本《汉堡男孩》《运动会》。

健康

（4）"家校互动小打卡"10份。

六、班会过程

1. 健康律动，导入主题

（1）播放《健康歌》，教师带领学生跟随视频一起律动。

（2）讨论：运动后有什么感受？（有点喘气，有点累，但更多地感到自己身心充满活力）

（3）导入主题：我们已经感受到运动对我们每个人来说非常重要。今天就让我们一起来学习"坚持锻炼强体质"这一课，来探索坚持锻炼强体质的奥秘吧！

2. 案例分析，探究原因

（1）呈现××同学上课打瞌睡的照片。

（2）讨论明确：图中××同学为什么上课或课间做活动时总是犯困，想趴下睡觉？

图中××同学平时不爱运动，缺乏锻炼，身体各个器官得不到有效的供血和供氧。（教师同时出示人体模型，配合健康专题小视频加以解释说明）

3. 分享故事，引发思考

（1）教师讲述改编的绘本《汉堡男孩》。

故事梗概：只吃汉堡不肯运动的男孩，体形越来越庞大，猫、狗、羊等动物把他当成汉堡，它们争先追赶他想吃他，无奈汉堡男孩太胖，缺乏锻炼，跑不过它们，最后晕倒……好在被妈妈及时救起。

（2）提问：那个男孩为什么会被当成"汉堡"？他最后遇到了什么麻烦？

（3）讨论明确：男孩酷爱吃汉堡，还吃得很多，却很少锻炼身体。这使得他的身体变得又胖又笨，根本跑不起来，以至于他被当作一个"汉堡"，差点被吃掉，妈妈带着他运动后，他慢慢瘦下来，他坚持跑步，身体越来越棒！

（4）教师小结："汉堡男孩"的故事让我们明白运动对我们来说是多么的重要。让我们积极行动起来，锻炼身体，增强体质。

4. 秀秀我的运动本领

（1）播放每位学生课间十分钟或体康课做运动的视频，播放哪位同学就请他带着自己喜欢的运动器材上讲台展示。

（2）读诵理解《运动》儿歌：

游泳跑步做体操，篮球足球不可少。

乒乓网球羽毛球，阳光运动身体好。

（3）教师小结：每个同学都有自己喜欢的体育运动项目，跑步、打篮球、踢足球等都是很不错的体育运动，我们看到大家课间十分钟和体康课都积极地参加运动，体验了运动的快乐，真好！

5. 体验运动，感受成功

（1）教师拿出平衡木，让学生参与体验，分组竞赛，记录各小组到达终点的时间，根据每个小组的成绩，各组分别获得不同数量的小红花。

（2）教师拿出呼啦圈放在地面上，一个挨一个地排成一列，引导学生单脚或双脚蹦跳到达终点，记录到达终点的时间，根据个人成绩，分别获得不同数量的小红花。

（3）小结：健康需要运动，运动和健康是一对好朋友，运动能让我们摆脱"小病猫""小胖墩"的称号，健康苗壮地成长。

6. 坚持锻炼，养成习惯

（1）课件展示班级"体育小明星"的风采，看看他们分别在运动会上取得了哪些奖项。

（2）引导2～3名学生展示自己在学校、社区等各级各类运动会上获得的奖牌（奖杯、奖状），并说说自己获奖的感受和成功的小秘密。

（3）小结：运动贵在坚持，让我们向他们学习，积极投身到运动中，并坚持下去。

7. 课堂小结

今天我们一起探讨了强身健体的妙招在于坚持运动，我们在运动中把身体锻炼得棒棒的，才更有精力去做好其他事情。希望大家在校能跟老师和同学一起坚持运动，在家能跟爸爸妈妈一起坚持锻炼身体。希望大家都能成为"运动小达人"！

七、班会建议

智障学生对于自己喜爱的体育运动项目，往往表现出一定的参与热情，但是他们的自律意识比较薄弱，自觉坚持运动有困难，需要老师和家长共同配合，为孩子制订适合他们的运动计划，引导和激励他们坚持下去，以不断增强他们的体质。

八、拓展延伸

（1）亲子共同制订假期（包括周末）锻炼计划。
（2）亲子定期观看体育频道纪录片。

九、家校互动小打卡

亲爱的爸爸妈妈：

本周我们开展了"坚持锻炼强体质"主题班会活动，为了巩固和提升教育成效，让学校的知识内容泛化到日常生活中，请您引领、协助和督促孩子完成打卡（见下表）。谢谢您的支持和配合！

班会课题：坚持锻炼强体质

打卡项目	完成情况			备注
	独立完成	部分完成	未完成	
1.跟家人说说自己在学校参加了哪些体育运动				
2.观看体育频道节目，说说自己喜欢的运动项目				
3.亲子共同制订假期（包括周末）锻炼计划				
4.与父母一起坚持参加户外运动（爬山、走步道等）				

预防疾病有妙招

一、班会背景

春秋季节天气变化大，病毒、细菌滋生快，人群聚集之处容易造成群发性疾病，甚至导致流行性传染病（如手足口病、流行性感冒、麻疹等）。智障学生自我防护能力偏弱，自身免疫力较低，引导他们提高自我保健意识，掌握预防疾病的妙招，可以帮助他们减少被感染的机会，更好地提高生活质量，健康成长。

二、班会目标

A组：

（1）了解常见的易感疾病的发病原因及病症状况。

（2）知道预防常见传染性疾病的方法，积极配合做好自我防护。养成良好的生活习惯，提高预防疾病的意识。

（3）身体出现不适，能及时求助并配合诊治。

B组：

（1）基本了解常见的易感疾病的病症特征。

（2）有一定的自我防护意识，能配合要求做好自我防护。

（3）听从指导，养成良好的生活习惯，提高自我防护意识。

（4）身体不适，能配合诊治。

健康

C组：

（1）对生病的症状有一定的认识。

（2）能配合要求做好自我防护。

（3）能在老师的指导下改进不良生活和卫生习惯，提高自我防护意识。

三、班会重难点

（1）了解常见的易感疾病的病症状况。

（2）知道预防常见传染性疾病的方法，积极配合做好自我防护。

（3）养成良好的生活习惯，提高预防疾病的意识。

四、课时安排

1课时。

五、班会准备

1. 经验准备

（1）请学生跟爸爸妈妈回忆并讨论自己近期曾患流感等疾病的诊治过程。

（2）跟爸爸妈妈一起准备一份"健康知识"宣传册（小手册）。

2. 物质准备

"健康知识"宣传册（小手册）、图片、口罩、纸巾等。

3. 其他准备

（1）课件1份。

（2）《健康歌》音乐。

（3）"家校互动小打卡"10份。

六、班会过程

1. 图片导入，引入主题

（1）呈现小朋友打针的图片。

提问：图中的小朋友在做什么？他怎么了？

讨论明确：小朋友生病了，他在打针。

提问：你们有没有打过针？打针有什么感觉？

讨论明确：我们生病了，有时需要打针。大部分同学都打过针，打针会有点痛。我们可能都不喜欢打针，可能也会害怕打针，但在生病的情况下，有时需要打针才能恢复健康。

（2）导入课题。

既然我们都不喜欢打针，那有没有办法不生病或少生病，尽量不打针呢？这节课来学习"预防疾病有妙招"。希望通过今天的学习，大家可以获得一些预防疾病的好办法。

2. 结合案例，探究原因

（1）结合案例导入：刚才那个生病的小朋友，通过吃药和打针，现在终于恢复了健康。同学们想不想了解生病的原因呢？

（2）观看视频片段一：引导学生观察，有几种肉食和青菜，还有好吃的水果等，但是小朋友只吃一点点汤汁饭，他挑食、偏食严重，身体很瘦弱，总是生病。

讨论明确：不同食物有不同的营养，不偏食，养成均衡饮食的习惯，才能保证身体健康。

（3）观看视频片段二：我们看到这个小朋友喜欢咬手指，吃饭前不肯洗手，上完洗手间也忘记把手洗一洗，他经常肚子痛。

讨论明确：我们每天用手完成很多的活动，小手会沾上眼睛看不到的细菌和病毒。吃手指是一个非常不卫生的坏习惯，病毒和细菌会溜进我们的肚子里捣乱，让我们肚子痛。我们要保持小手的洁净，饭前便后把小手洗干净，定期剪指甲，这些都是预防疾病的常识。

（4）观看视频片段三：我们看到这个小朋友总是喜欢脱掉外套，妈妈或者阿姨提醒他穿上衣服，他只管开心地玩，根本不听，结果他打喷嚏、流鼻涕，还发烧了。

讨论明确：受凉是导致感冒的重要原因，我们要注意只有在适当运动身体后热起来才能脱掉外套，在运动结束后要及时穿上衣服，以防受凉感冒。

（5）观看视频片段四：我们发现这个小朋友在公共场所不按照要求佩戴口罩，结果被旁边患流感的人传染了感冒，回家后晚上就发高烧，只好去看医生。

讨论明确：公共场所人群密集，我们要尽量戴好口罩，正确佩戴口罩，更是自我防护的必要措施。

（6）教师小结：我们刚才看了几个小视频，了解到一些预防疾病的小妙招。不挑食，营养均衡才健康；注意个人卫生保健康；防止受凉少感冒；戴好口罩防感染。希望大家把这些注意事项牢记在心，并能在日常生活中用好这些"小妙招"，身体健康才有保证。

3. 头脑风暴

问题：说说还有哪些预防疾病的办法？

引导学生看图说出其他"小妙招"，师生讨论，加深认识。

（1）每天早睡早起，经常将室内通风换气，有利于预防疾病。

（2）坚持每天锻炼身体，提高身体素质，有利于抵抗疾病。

（3）按照要求接种疫苗。

4. 贴板练习，巩固提升

按照A组、B组和C组的学习能力，给各组分发个人作业贴板，请学生把预防疾病的妙招（好习惯）和不良习惯进行分类。

教师巡视指导，并请各组代表上台展示，师生集体互评。

5. 实践操作，提高防护技能

我们通过学习，已经了解了预防疾病的一些妙招，请大家对照课件的要求动手做一做，看谁做得好。

（1）我会用纸巾擦鼻涕。

（2）我会正确洗手。

（3）我会正确佩戴口罩。

6. 健康律动，体验快乐

知道了这些预防疾病的好方法，就让我们一起来跳跳健康操，体会健康带给我们的快乐。

7. 课堂小结

今天我们讨论了如何预防疾病的问题，大家获得了很多知识。想保证健康，吃东西要注意营养均衡，要注意个人安全，多运动，在公共场所要佩戴口罩，做好自我防护。希望大家记住这些保护健康的小妙招，每天都健健康康、开开心心地生活。

七、班会建议

（1）本节课注重对前面三个健康主题知识的串联，可以适当结合前面的知识进行复习巩固，以更有效地达到强化学生预防疾病的意识。

（2）预防疾病"小妙招"在课后需要不断地细化并落实到生活中，如勤洗手、剪指甲、吃瓜果要洗净等。引导学生更好地认识到，疾病主要是我们不良生活习惯导致的，需要从生活中的点点滴滴去改进，才能有效地预防疾病。

八、拓展延伸

（1）亲子共同制作预防疾病专题手抄报。

（2）观看电视《健康快线》等专题节目。

九、家校互动小打卡

亲爱的爸爸妈妈：

本周我们开展了"预防疾病有妙招"主题班会活动，为了巩固和提升教育成效，让学校的知识内容泛化到日常生活中，请您引领、协助和督促孩子完成打卡（见下表）。谢谢您的支持和配合！

班会课题：预防疾病有妙招

打卡项目	完成情况			备注
	独立完成	部分完成	未完成	
1.饭前便后会洗手				
2.吃瓜果前清洗干净				
3.会用纸巾擦鼻涕，并及时丢进垃圾桶				
4.出门正确佩戴口罩				

爱 国

　　陶行知说："国家是大家的，爱国是每个人的本分。"

　　多少人位卑未敢忘忧国，以国家之务为己任。国即是家，全体中华同胞的大"家"。不管身在何处，无论何时，爱国都应该是我们共同的庄严承诺。

我爱你，中国

一、班会背景

随着国庆节临近，生活小区、街道等场所陆续呈现出国庆即将到来的各种节日布景，电视、网络等各种媒体也不断传递着国庆节相关的各种信息。为了帮助智障学生更好地了解国庆节的有关常识，培养他们热爱祖国的情感，借此机会组织和开展"我爱你，中国"主题班会教学活动。

二、班会目标

A组：

（1）知道国庆节的日期及祖国的名称，认识中国地图、国旗和国徽。

（2）懂得升旗活动中需要遵守升旗仪式的相关规定，能完成"中国政区地图"拼图练习，能在亚洲政区地图上找到中国。

（3）知道自己是中国人，逐步培养热爱祖国的感情。

B组：

（1）了解国庆节的日期及祖国的名称，能指认出中国地图、国旗和国徽。

（2）了解升旗仪式的相关规定，能按照标记提示完成"中国政区地图"拼图练习。

（3）知道自己是中国人，逐步培养热爱祖国的情感。

C组：

（1）能配合教学活动，了解国庆节以及祖国的相关常识。

（2）听从指令，遵守升旗仪式的相关规定，完成升旗活动。

（3）体验作为中国人的自豪感。

三、班会重难点

（1）学习和掌握有关祖国的基本常识（中国的全称和简称；中国的版图形状，首都、国旗和国徽）。

（2）知道祖国的生日及中华人民共和国成立的重大意义。

（3）培养热爱祖国的美好情感。

四、课时安排

2课时。

五、班会准备

1. 经验准备

（1）听、唱《中国人》《爱我中华》等歌曲。

（2）观看与中华人民共和国成立七十周年相关视频的片段。

（3）收集并欣赏去国内其他地方旅游的照片（视频）。

2. 物质准备

（1）中国地图一份。

（2）亚洲政区地图一份。

（3）多民族娃娃（玩具）一组。

（4）绘本图书《我爱你中国》《我的祖国》。

（5）自制中国政区拼图10套。

3. 其他准备

（1）课件1份。

（2）"家校互动小打卡"10份。

六、班会过程

第一课时

1. 观看视频，导入主题

观看"开国大典"的视频片段，认识明确：1949年10月1日是中华人民共和国成立的日子，每年的10月1日是我们的国庆节，是祖国妈妈的生日。让我们一起欢呼："我爱你，中国！"

2. 了解国庆节的由来及意义

1949年10月1日，全国各族人民聚集在天安门广场庆祝中华人民共和国成立，毛泽东主席在天安门城楼对全世界庄严地宣告："中华人民共和国成立了！"标志着中国人民从此站起来了！

3. 认识中国的名称

（1）中国的全称是"中华人民共和国"，简称"中国"。

（2）引导学生诵读祖国的名称。

4. 认识中国地图

（1）利用动物图卡辅助，引导学生说出我们祖国的版图像什么？公鸡。

（2）请同学们从亚洲政区地图上找出"中国"。

（3）引导同学们从中国政区地图上找出"北京"，明确北京是我国的首都，是全国的政治、经济和文化中心。

（4）拼一拼：完成自制的"中国政区地图"拼图练习。

5. 认识五星红旗

出示五星红旗图片，分辨并认识：我国的国旗是五星红旗，鲜红的长方形旗面，左上角有五颗金黄的五角星，一大四小。国旗是国家的标志和象征，神圣不可侵犯，我们要尊重并爱护国旗。

（1）说一说：在哪些地方见过国旗？

（2）找一找：从四面红旗中找出五星红旗（课件呈现）。

（3）辨一辨：党旗和国旗外形上有何异同？

（4）观赏"升国旗"视频，懂得升国旗的礼仪（脱帽、行注目礼、站姿端正）。

6. 课堂小结

通过今天的学习，我们知道了10月1日是祖国妈妈的生日，我们还认识了中国地图和五星红旗，让我们一起迎接国庆节的到来，共同欢度国庆节！

第二课时

1. 抢答导入

（1）我们祖国的全名是什么？我们祖国的首都在哪里？

（2）我们祖国的地图是什么形状？

（3）我们的国旗上有几颗五角星？

2. 认识国徽

（1）认一认：出示国徽图片，说说国徽的特点。

中华人民共和国国徽，中间是五星照耀下的天安门，周围是谷穗和齿轮，国徽是祖国的象征，我们要尊重和爱护国徽。

（2）比一比：出示少先队队徽，比较队徽和国徽的不同。

（3）辨一辨：从一组相似图片中找出国徽（课件呈现）。

3. 认识多彩的少数民族

（1）出示一组少数民族娃娃玩偶，说说它们的服饰跟我们有什么不同。

（2）观看视频，了解除汉族之外，我国还有55个少数民族，共同组成了团结友爱的中华民族大家庭。

（3）欣赏歌曲《爱我中华》，感受中华民族大家庭的温暖。

爱
国

4. **情景表演，共迎国庆**

同学们分别穿戴不同少数民族的服饰，手持小国旗，伴随《爱我中华》音乐歌唱和律动，共迎国庆，共祝祖国更美好！

5. **课堂小结**

本节课我们重点认识并了解了我国是一个多民族的国家，少数民族和汉族一样，都是中国人，都是中华儿女，我们拥有一个共同的心愿：我爱你，中国！祝愿伟大的祖国越来越好！

七、班会建议

（1）关于"爱国"的素材很多，在"经验准备"方面可以利用家校合作互动，可以利用电视、网络等渠道做好充分的铺垫。

（2）"情景表演"环节，可变换服饰和道具循环表演。

（3）课间可更多地播放《中国人》《龙的传人》《爱我中华》等歌曲，有利于渲染爱国主义氛围。

八、拓展延伸

（1）欣赏歌曲《中国人》。

（2）阅读绘本《我爱你中国》《我的祖国》。

（3）了解和欣赏"中国之最"。

九、家校互动小打卡

亲爱的爸爸妈妈：

本周我们开展了"我爱你，中国"主题班会活动，为了巩固和提升教育成效，请您引领、协助和督促孩子完成打卡（见下表）。谢谢您的支持和配合！

班会课题：我爱你，中国

打卡项目	完成情况			备注
	独立完成	部分完成	未完成	
1.认识并找出国旗				
2.知道国庆节的日期				
3.会唱一首爱国歌曲				
4.亲子共读绘本《我的祖国》				

爱国

中国，我为你自豪

一、班会背景

2019年10月1日是中华人民共和国成立七十周年，我国日新月异，飞速发展，已经成为全世界第二大经济体，我国的综合实力不断增强，国际地位不断提高。中国从曾经的一穷二白、贫困落后到如今立足世界前列，这一伟大的蜕变让全世界惊叹。设计"中国，我为你自豪"主题班会，引导学生认识新中国所取得的辉煌成就，体会作为中国人的幸福和自豪。

二、班会目标

A组：

（1）了解祖国悠久的历史文化，知道万里长城、故宫等古老建筑是中国古代劳动人民智慧和汗水的结晶。

（2）通过了解2008年北京奥运会、2019年中华人民共和国成立七十周年、"神舟"飞天等重大历史事件，认识新中国日新月异的变化以及祖国的日益强大。

（3）增强民族的自豪感和爱国主义精神。

B组：

（1）了解祖国悠久的历史文化，能指认万里长城、故宫等具有伟大历史意义的古老建筑。

（2）通过了解北京奥运会、中华人民共和国成立七十周年、"神舟"飞天等重大历史事件，感受祖国的日益强大。

（3）增强民族的自豪感和爱国主义精神。

C组：

了解万里长城、故宫等古老建筑，以及北京奥运会、中华人民共和国成立七十周年等重大历史事件，感受祖国的日益强大。

三、班会重难点

通过了解北京奥运会、中华人民共和国成立七十周年、"神舟"飞天等重大历史事件，认识新中国的变化和强大，增强民族的自豪感。

四、课时安排

1课时。

五、班会准备

1. 经验准备

（1）请家长带孩子收看《新闻联播》节目，更多地了解当代中国飞速发展的形势和取得的巨大成就。

（2）师生共同收集有关北京奥运会、"神舟"飞天、中华人民共和国成立七十周年的视频和图片资料。

2. 物质准备

（1）长城、故宫的图片（照片）及纪念品。

（2）2008年北京奥运会的宣传册、纪念品和吉祥物等。

3. 其他准备

（1）课件1份。

（2）"家校互动小打卡"10份。

（3）中华人民共和国成立七十周年的视频片段。

爱国

六、班会过程

1. 观看图片，导入主题

（1）出示长城、故宫的图片。

说说它们分别是哪里？我们有没有去过这两个地方？

（2）讨论明确：图1是长城（图略），又叫万里长城，它是一道高大、坚固的城墙。它一头在山海关，另一头在嘉峪关，弯弯曲曲，绵延不断。图2是故宫（图略），它是世界上最大的宫殿，有近万间房屋，故宫的建筑和装潢都很华美。

（3）教师小结，导入主题。

中华民族有着悠久的历史，长城和故宫都是我国古代最伟大的工程，体现了我国古代劳动人民的智慧，反映了中华民族有着辉煌灿烂的文化成果。现在中国正昂首屹立于世界东方，中国的飞速发展让世界惊叹，作为中国人，我们由衷的自豪。

2. 分享学生旅游的照片，认识祖国的大好河山

（略）

3. 欣赏活动一：2008年北京奥运会盛况

（1）欣赏北京奥运会开幕式的精彩视频片段。

（2）欣赏北京奥运会中国健儿夺得金牌瞬间的组图。

（3）讨论明确：2008年我国成功地举办了北京奥运会，并获得了51枚金牌，成为金牌总数最多的国家。

4. 欣赏活动二："神舟"飞天

（1）观看"神舟"五号飞天视频。

（2）明确：我国从"神舟"五号发射成功，已经连续多次取得航天飞行的胜利，标志着我国的航天工业和综合国力取得了巨大的进步。

5. 欣赏活动三："中华人民共和国成立七十周年庆典"

（1）观看"中华人民共和国成立七十周年庆典"视频片段。

（2）认识明确："中华人民共和国成立七十周年庆典"活动，规模非常宏大，我们向全世界展示了我国的经济、文化和军事实力，综合反映了我国从贫穷落后到富强发达的变化过程。

6. 欣赏歌曲《中国时间》，感受中国的变化和强大

（略）

7. "三句半"表演

（配合视频或组图背景）

夸夸我们的祖国

神州大地新气象，各行各业都兴旺，全球目光聚中国，好风光！

农民生活大改观，丰衣足食有余款，如今农村和城市，一样欢！

柏油马路宽又平，交通方便畅无阻，高铁城际齐发展，好威武！

祖国旧貌换新颜，中国发展快又快，世界各国都惊叹，了不起！

8. 课堂小结

今天我们了解了新中国的发展和取得的伟大成就，作为中国人，我们深深地为祖国的繁荣和变化而自豪，让我们珍惜今天的美好生活，好好学习，为祖国的发展做出应有的贡献。

七、班会建议

（1）中华民族有着灿烂辉煌的历史文化，值得我们去了解，课前可以通过网络等形式去发掘和收集中华民族历史悠久、博大精深的文化精华。

（2）近代中国经历了鸦片战争、抗日战争等多重战争苦难，可查阅有关战争灾难的资料或观看电影。通过对比，感受新中国的发展和强大，感受作为中国人的幸福和自豪。

（3）"三句半"表演，可利用快板等道具及视频背景资料，帮助学生理解，深化教学效果。

爱国

八、拓展延伸

（1）了解"中国之最"，更好地了解和认识中国的壮美河山以及中华民族辉煌的历史文化。

（2）亲子绘本分享《我是中国人》。

九、家校互动小打卡

亲爱的爸爸妈妈：

本周我们开展了"中国，我为你自豪"主题班会活动，为了巩固和提升教育成效，请您引领、协助和督促孩子完成打卡（见下表）。谢谢您的支持和配合！

班会课题：中国，我为你自豪

打卡项目	完成情况			备注
	独立完成	部分完成	未完成	
1.认识并找出图片中的长城				
2.认识并找出图片中的故宫				
3.说出新中国发展过程中了不起的1～3件大事				
4.能说出中国的一项"世界之最"				

勿忘英烈，牢记使命

一、班会背景

时值一年春草绿，又逢清明祭扫时。通过祭奠英雄先烈让党员、广大人民群众和学生在怀念、祭扫英烈的过程中，回忆历史，铭记历史，并能带着敬仰之情向为中华民族独立和崛起而献出生命的英烈先辈致敬。设计并组织"勿忘英烈，牢记使命"主题班会，可以引导学生在学习历史、祭奠英烈的过程中懂得今天的幸福生活来之不易，懂得要更加珍惜今天的幸福生活，感恩革命先烈，创造更加美好的明天。

二、班会目标

A组：

（1）了解清明节的有关常识和习俗。

（2）了解中国革命历史上的部分先烈，懂得他们为中国革命所做出的伟大牺牲。

（3）缅怀革命先烈，追忆他们的革命精神，懂得要珍惜今天的幸福生活。

B组：

（1）了解清明节的有关常识和习俗。

（2）了解中国革命历史上的部分先烈以及他们为中国革命所做出的贡献。

（3）参与祭奠英烈活动，懂得感恩革命先烈，珍惜今天的生活。

C组：

（1）适当了解清明节的有关常识和习俗。

（2）在老师的指导下参与祭奠英烈的活动。

三、班会重难点

理解革命英雄先烈为祖国所做出的牺牲，能够用正确的方式祭奠英烈。懂得向革命英烈学习，做自强自立的好儿童（少年）。

四、课时安排

1课时。

五、班会准备

1. 经验准备

（1）收集有关革命先烈的视频、图片。

（2）听爸爸妈妈讲述祖辈的革命故事。

（3）收集参观革命烈士陵园的视频或照片。

2. 物质准备

（1）有关革命英烈的照片（图片）。

（2）菊花10枝。

（3）绘本《中国记忆·清明节》。

3. 其他准备

（1）课件1份。

（2）"家校互动小打卡"10份。

六、班会过程

1. 配诗文动画导入

"清明时节雨纷纷，路上行人欲断魂。借问酒家何处有，牧童遥指杏花村。"

2．了解清明节

（1）清明节又叫踏青节，是中国的传统节日，也是祭奠先祖和英烈的日子。

（2）清明节最主要的活动就是扫墓，唐代杜牧的名句"清明时节雨纷纷，路上行人欲断魂"，反映的就是清明扫墓的情景和氛围。

（3）清明节的风俗和活动很多，除了扫墓之外，还有踏青、荡秋千、插柳和打马球等。

3．追忆英烈

（1）播放《歌唱二小放牛郎》音乐，咏唱英雄赞歌，追忆小英雄王二小。

（2）观看视频，说说"狼牙山五壮士"的故事。

（3）故事分享，聆听革命先驱李大钊的故事。

4．感悟革命精神

为了革命的胜利，无数革命先烈不怕牺牲，是他们用自己的生命换来了中华人民共和国的成立，换来了我们今天的美好生活。革命英烈值得我们永远追忆和礼赞，他们的革命精神值得我们学习。

5．网上祭奠革命英烈，牢记革命使命

（1）看课件，了解网上祭奠英烈的程序和要求。

（2）全体起立默哀并唱国歌。

（3）学生手持菊花，向革命英烈致敬并献花。

6．联系实际，讨论并认识

我们应该怎样铭记英烈的革命事迹，做一个自强自立的好少年（儿童）。

7．课堂小结

今天的主题班会课中，我们既了解了清明节的一些常识和习俗，又了解了无数革命先烈的事迹。我们不应该忘记，今天的和平和幸福是来之不易的，是无数革命英雄用鲜血和生命换来的。让我们铭记历史，学习革命先烈的精神，不怕困难，克服障碍，用自己的行动感恩革命先烈，回报社会。

爱国

七、班会建议

（1）清明节的风俗和活动内容比较多，在本节课中不做重点学习安排，主要只做"引子"导入。

（2）对于智障学生来说，要了解革命先烈为祖国、为人民自我牺牲的事迹，了解他们的革命精神有一定困难，可以尽量较多地通过动画或视频的形式，让内容具体形象化，便于他们理解，获得感悟和认识。

（3）革命英雄的故事和事迹很多，在"经验准备"和"拓展延伸"部分可以适当地丰富和强化。

八、拓展延伸

（1）观看革命电影《长津湖》。

（2）和家人走进革命烈士陵园，现场祭奠革命先烈。

（3）亲子绘本阅读《少年英雄王二小》。

九、家校互动小打卡

亲爱的爸爸妈妈：

本周我们开展了"勿忘英烈，牢记使命"主题班会活动，为了巩固和提升教育成效，请您引领、协助和督促孩子完成打卡（见下表）。谢谢您的支持和配合！

班会课题：勿忘英烈，牢记使命

打卡项目	完成情况			备注
	独立完成	部分完成	未完成	
1.说说清明节的活动				
2.讲述或听懂王二小的故事				
3.参观烈士陵园，祭奠英烈				
4.阅读绘本《中国记忆清明节》				

童心向党，争做优秀少先队员

一、班会背景

2021年恰逢中国共产党一百周年诞辰，中共中央高瞻远瞩，向全国人民发出倡议，动员全国各族人民用自己的实际行动向中国共产党百年华诞献礼。

少先队是少年儿童的先锋组织，是激励小学生进步成长的重要力量。对于小学低年级学生来说，加入少先队，戴上红领巾是他们无比自豪的愿望。智障学生虽然有着不同程度的身心缺陷，但他们心中同样有着一颗渴望进步的种子。因此利用中国共产党建党一百周年这一契机，设计"童心向党，争做优秀少先队员"主题班会，引导智障学生认识少先队这个先锋组织，帮助他们克服自身障碍、自强不息，通过努力争取加入少先队。

二、班会目标

A组：

（1）认识少先队的队旗、队徽、队标，会唱队歌、敬队礼，并能正确佩戴红领巾。

（2）理解少先队组织的意义，表达加入少先队的愿望，感受作为少先队员的自豪感和责任感。

（3）爱护红领巾，严格要求自己，做好榜样示范。

B组：

（1）认识少先队队旗、队徽、队标，会跟唱队歌，懂得在升旗仪式等情况下要敬队礼，在老师的指导下正确佩戴红领巾。

（2）基本理解少先队组织的意义，有加入少先队的愿望。

（3）爱护红领巾，严格要求自己，尽力做好自己的事情。

C组：

（1）基本认识中国少先队的队旗、队徽、队标。

（2）感受作为少先队员的自豪感。

（3）在老师的指导下佩戴队徽。

三、班会重难点

（1）学习少先队的相关知识，了解少先队组织的意义，感受作为少先队员的自豪感。

（2）日常活动中按照少先队员的标准严格要求自己，起到榜样示范作用。

（3）爱护红领巾，正确佩戴红领巾，正确行队礼。

四、课时安排

2课时。

五、班会准备

1. 经验准备

请家长协助引导孩子观看家里其他兄弟姐妹参加少先队有关活动的照片、视频。

2. 物质准备

（1）红领巾10条，队徽粘板1个。

（2）队旗和国旗模型实物。

3. 其他准备

（1）课件1份。

（2）相关拓展资源。

（3）"家校互动小打卡"10份。

六、班会过程

第一课时

1. 视频导入

观看六一儿童节向阳小学小学生入队仪式视频。

讨论明确：中国少先队是少年儿童光荣的先锋组织，是共产主义事业的接班人。

导入主题：同学们，你们是否希望加入少先队？今天我们学习"童心向党，争做优秀少先队员"一课，我们一起来看看通过什么样的努力，才能加入少先队。

2. 认识少先队

（1）队名全称：中国少年先锋队。

（2）创立者和领导者：中国共产党。

3. 认识少先队队旗

少先队队旗是少先队组织的标志，少先队队旗是五角星加火炬构成的红旗。队旗有大队旗和中队旗之分。（课件呈现）

（1）辨一辨。

①课件出示大队旗和中队旗，说说两面旗帜的异同。

相同点：颜色和图案相同。

不同点：尺寸不同，形状不同。

②课件出示国旗和少先队大队旗，说说它们的异同。

相同点：颜色和形状相同。

不同点：图案不同。

（2）找一找。

从队旗和国旗模型中找出少先队队旗。

4. 认识红领巾

红领巾是红旗的一角。佩戴红领巾是少先队员的一种标志，加入少先队就可以佩戴红领巾。

（1）认识红领巾的特点：鲜红的颜色，形状是三角形。

（2）认识红领巾所表示的意义：红领巾代表红旗的一角，是革命先烈用鲜血染成的。红旗是革命胜利的旗帜，少先队员佩戴象征红旗一角的红领巾，要学习革命先辈的精神，做好共产主义的接班人。

5. 认识队徽

（1）利用实物认识队徽。

（2）找一找，根据队旗粘板图案的提示，找出少先队队徽。

（3）讨论并明确戴队徽也是少先队员身份的一种象征，代表着一份光荣和责任。

6. 学唱队歌

引导同学们跟着音频歌唱《我们是共产主义接班人》，加深对中国少先队组织光荣使命的认识。

7. 课堂小结

今天我们了解了少先队作为少年儿童的先锋组织，我们严格要求自己，不断进步，才能加入少先队。希望大家努力创造条件，早日成为一名光荣的少先队员。

第二课时

1. 抢答导入

利用多媒体课件辅助抢答活动。

（1）少先队队旗上有什么图案？

（2）少先队队徽有什么特点？

（3）红领巾是什么形状的？

2. 我会爱护红领巾

（1）利用图片对比。

小明把红领巾当作"瞎子摸象"蒙眼睛的道具，把红领巾弄得皱皱巴巴的；小红睡觉前小心地取下红领巾，并认真地折叠放好。请同学们说说哪个同学做得好。

（2）说说遇到下列情况，我们应该怎样做。

① 不小心把红领巾掉到地上弄脏了，应该怎么办？

② 上体育课时，红领巾应该怎样放？

（3）学习折叠红领巾。

老师示范，学生学习折叠红领巾。

温馨提示：睡觉前、上体育课等应该取下红领巾并折叠放好。

3. 我会正确佩戴红领巾或队徽

（1）呈现佩戴红领巾的分解示范图片和视频。

（2）分组练习正确佩戴红领巾或队徽。

A组根据示范，对照图片和视频，练习佩戴红领巾。

B组在老师的指导下练习佩戴红领巾。

C组在老师的指导下佩戴队徽。

（3）分组计时进行佩戴红领巾和队徽比赛。

4. 我向队旗敬个礼

（1）讨论并认识敬队礼的意义，懂得升旗以及一些重要活动场景下，少先队员应该庄重地敬队礼。

（2）利用课件展示规范敬队礼的动作要求。

（3）学习敬队礼，老师分组分别给予纠正和指导。

（4）现场敬队礼比赛，利用投影观察，夸一夸谁的敬礼姿势最标准，评一评谁的动作还需要改正。

（5）播放队歌，营造庄严的氛围，引导同学们练习敬队礼。

5. 讨论提升：小队员我能行

（1）提问：同学们学会了爱护红领巾和佩戴红领巾，也学会了敬队礼，那么我们还需要做好哪些事情，才能成为一名少先队员呢？

（2）观看小视频《红领巾的故事》，说说同学们从故事中学到了什么？

（3）讨论：怎样才能成为一名优秀的少先队员。

6. 课堂小结

同学们，希望大家带着加入少先队的美好梦想出发，每天都去努力，祝大家都能实现自己的心愿！早日成为一名优秀的少先队员！

七、班会建议

（1）智障学生个体认知能力有限，对于少先队组织的意义理解有较大困难，适当了解即可。

（2）针对智障学生个体差异性较大的特点，建议分层要求，尤其是动手操作练习，更要给予B组和C组较多的指导。

（3）利用"家校互动小打卡"，争取家长的支持，加强折叠、佩戴红领巾的练习，锻炼学生的动手能力。同时也通过家长的关注和参与，督促和激励学生按照少先队员的标准不断进步，为加入少先队创造条件。

八、拓展延伸

（1）在爸爸妈妈带领下，走入社区，向身边的少先队员哥哥姐姐学习，体验做一名"小志愿者"，服务他人，快乐自己。

（2）听爸爸妈妈讲自己儿时加入少先队的小故事。

九、家校互动小打卡

亲爱的爸爸妈妈：

本周我们开展了"童心向党，争做优秀少先队员"主题班会活动，为了巩固和提升教育成效，请您引领、协助和督促孩子完成打卡（见下表）。谢谢您的支持和配合！

班会课题：童心向党，争做优秀少先队员

打卡项目	完成情况			备注
	独立完成	部分完成	未完成	
1.练习折叠红领巾				
2.练习佩戴红领巾				
3.清洁红领巾				
4.练习敬队礼				

爱国

担 当

梁启超说："人生须知负责任的苦处，才能知道尽责任的乐趣。"担当是对自己、对他人、对社会的一种态度。担责任，始成长；尽责任，方进步。

自己的事情自己做

一、班会背景

《中共中央关于全面加强新时代少先队工作的意见》指出：教育引导少先队员从小做起，从自己做起、从身边事做起、从小事做起，一点一滴积累，养成好思想、好品德。智障学生伴有不同程度的身心缺陷，常常会产生依赖心理，但他们同样有自主发展的可能和权利。因此设计"自己的事情自己做"主题班会，引导智障学生认识自己，激发主观能动性，自己的事情自己做，为发展成为德智体美劳全面发展的少先队员努力。

二、班会目标

A组：

（1）懂得自己的事情自己做的道理，提高自我服务意识。

（2）能主动做好自己的事情，体验自我服务的快乐。

（3）有自主意识，主动学习不会做的事情。

B组：

（1）能在提示下完成自我服务活动。

（2）有自我服务的意识，懂得自己的事情自己做的道理。

C组：

（1）能在辅助下配合完成生活自理活动。

（2）初步懂得自己的事情自己做的道理，有一定的自我服务意识。

三、班会重难点

（1）懂得自己的事情自己做的道理。

（2）能认真做好自己的事情，逐步形成自我服务的良好习性。

四、课时安排

1课时。

五、班会准备

1. 经验准备

请家长平时注意引导学生自己完成穿衣、吃饭和整理个人物品等自我服务活动，并用视频或照片的方式加以记录。

2. 物质准备

（1）平板电脑。

（2）毛巾。

3. 其他准备

（1）课件1份。

（2）相关拓展资源。

（3）"家校互动小打卡"10份。

六、班会过程

1. 观看视频，导入主题

（1）观看《我有一双手》儿歌视频。

（2）互动问答：儿歌让我们明白了什么道理？大家说说我们的小手可以做哪些事情？

（3）导入主题：儿歌告诉我们，小朋友应该用自己的小手做好自己力所能及的事情。让我们一起来学习"自己的事情自己做"。

2. 看一看

（1）观看同学午休后自己叠被子的视频。

（2）观看同学在家自己整理书包、自己穿衣服的视频。

（3）请学生用"我自己会做……"介绍自己会做的事情。

（4）教师小结：大家已经是小学生了，我们的爸爸妈妈工作很辛苦，回到家还要照顾我们。同学们长大了，我们可以做到自己的事情自己做，让爸爸妈妈放心。

3. 说一说

（1）利用课件展示图片，说说小朋友做得对不对。

图1：小朋友自己刷牙。

图2：小朋友自己叠好小被子。

图3：小朋友让妈妈帮忙穿鞋子和袜子。

（2）讨论并明确。

图1和图2中的小朋友坚持自己的事情自己做，值得称赞；图3中的小朋友让妈妈帮忙做他自己应该做的事情，这种行为是不对的。

4. 游戏互动，抢答并说说自己会做哪些事情

（1）利用课件中的游戏，呈现生活自理、自我服务的一组图片。

（2）随机调查，了解学生的生活自理情况，并请他用动作模拟展示自己的生活自理技能。

5. 比一比

模拟生活情境，引导学生完成起床、穿衣服、洗脸、刷牙、吃早餐、背书包上学等比赛项目。

6. 课堂小结

我们都有一双能干的小手，我们会自己吃饭、自己穿衣，我们会做好很多事情。希望大家每天都能认真做好自己力所能及的事情，越来越能干，越来越棒！

七、班会建议

（1）智障学生认知能力有限，对于自己的事情自己做的意义理解有较大困难，适当了解即可。

（2）课间关注孩子自我服务的进步情况，及时给予肯定和强化。

（3）利用"家校互动小打卡"，争取家长的支持，指导学生完成生活自理活动，提高动手能力，强化自我服务意识。

八、拓展延伸

（1）完成一周七天的任务打卡，即可在学校领取一张"点赞积分卡"活动贴。

（2）引导学生参与做好力所能及的家务。

九、家校互动小打卡

亲爱的爸爸妈妈：

本周我们开展了"自己的事情自己做"主题班会活动，为了巩固和提升教育成效，请您引领、协助和督促孩子完成打卡（见下表）。谢谢您的支持和配合！

班会课题：自己的事情自己做

打卡项目	完成情况			备注
	独立完成	部分完成	未完成	
1.自己穿衣服				
2.自己洗脸、刷牙				
3.自己吃饭				
4.自己整理书包				

我是家庭的好帮手

一、班会背景

《中小学德育工作指南》中提道："教育引导学生参与洗衣服、倒垃圾、做饭、洗碗、拖地、整理房间等力所能及的家务劳动。"

智障学生存在身心障碍，在生活自理、社会适应等方面均需要更多的教育支持。成为"好帮手"是智障学生的重要发展目标，不仅要求他们能做好自我服务，同时他们也应该给予家庭活动以支持与协助。本节班会课旨在引导智障学生积极参与家务活动，实现自我的成长和价值。

二、班会目标

A组：

（1）知道自己是家庭的一员，愿意参与家务劳动。

（2）能做好力所能及的家务劳动。

（3）理解父母的辛苦，养成积极承担家务劳动的良好习惯。

B组：

（1）知道自己是家庭的一员，有参与家务劳动的意识。

（2）能在父母需要帮手时，听从指令配合完成任务。

（3）了解父母的辛苦，增强参与家务劳动的意识。

C组：

（1）认识自己的家庭成员，不破坏家庭成员的劳动成果。

（2）配合家庭成员要求做好自我服务。

三、班会重难点

知道自己是家庭的成员，有承担家务劳动的责任，能做好父母的好帮手，参加适当的家务劳动，增强参加家务劳动的意识。

四、课时安排

1课时。

五、班会准备

1. 经验准备

请家长协助引导孩子一起参与简单的家务劳动，如洗碗、拿快递、倒垃圾等，并做好视频记录。

2. 物质准备

（1）垃圾桶、拖把、扫把。

（2）洗碗布、抹布、垃圾袋、衣服、衣架等。

3. 其他准备

（1）课件1份。

（2）相关拓展资源。

（3）"家校互动小打卡"10份。

六、班会过程

1. 图片导入

（1）课件呈现某同学的全家福照片，请该同学介绍自己的家庭成员以及每位家庭成员在家庭生活中的分工。

（2）讨论并明确：我们看到爸爸妈妈非常辛苦，那让我们再来看看我们可以怎样做父母的好帮手。

2. 观看视频，夸夸好帮手

（1）观看部分同学做家务的视频。

（2）请视频中的同学说说自己平时负责做哪些家务。

（3）播放录音：听听爸爸妈妈对"好帮手"的评价。

（4）请同学们分别给以上几名家庭"好帮手"点赞。

（5）教师小结：我们每个人都是家庭的一员，爸爸妈妈工作很辛苦，回到家还要照顾我们，忙着做家务。为了减轻爸爸妈妈的负担，我们也要学习做家务，做好家庭的小帮手。

3. 辨一辨

（图略）

（1）利用课件呈现图片，说说哪个小朋友是爸爸妈妈的好帮手。

图1：小朋友在家和妈妈一起打扫卫生。

图2：小朋友在家分担洗碗的家务。

图3：妈妈很辛苦地在做家务，小朋友只是坐在沙发上看电视。

（2）讨论明确：图1和图2中的小朋友积极参加打扫卫生、洗碗等家务劳动，他们是爸爸妈妈的好帮手；图3中的小朋友只是坐着看电视，这种行为不太好。

4. 演一演

引导同学们两人一组分别扮演小朋友和家长，小朋友根据情境提示做好家长的小帮手。

5. 说一说

讨论：做好小帮手需要做哪些事？

我们平时在家可以分担哪些家务活？可以利用图片呈现给予学生提示，引导学生说一说。

6. 课堂小结

同学们，我们长大了，可以做好家庭的小帮手。会做的家务劳动我们要积极主动去做，不会做的我们可以学着去做。老师会发放一份"家校互动小打卡"给大家带回家，请爸爸妈妈记录我们在家参加家务劳动的情况，下周班会课我们比一比谁是最棒的家庭好帮手。

七、班会建议

（1）智障学生对于家庭成员意义的理解有一定困难，可以通过介绍全家福成员的活动，让学生更好地理解家庭及其成员的概念。

（2）针对智障学生个体差异性较大的特点，建议分层教学，如能力较好的学生可以参与模拟表演，能力中等的学生可以讨论互动，能力稍弱的学生只需对好帮手有简单的认识即可。建议C组学生能了解自己是家庭的一员，能尽量做到自己的事情自己做即可。

（3）利用"家校互动小打卡"，争取家长的支持，配合给予学生更多做家务的机会，锻炼他们的动手能力，让他们获得参与家务劳动的成功体验和快乐。

八、拓展延伸

（1）和父母合作完成一项家务劳动，如拖地板、择菜、整理床铺等。

（2）独立承担一项家务劳动，如取快递、丢垃圾、晾衣服等。

九、家校互动小打卡

亲爱的爸爸妈妈：

本周我们开展了"我是家庭的好帮手"主题班会活动，为了巩固和提升教育成效，请您引领、协助和督促孩子完成打卡（见下表）。谢谢您的支持和配合！

担当

班会课题：我是家庭的好帮手

打卡项目	完成情况			备注
	独立完成	部分完成	未完成	
1.知道自己是家庭的一员				
2.坚持和父母合作完成一项家务劳动				
3.坚持独立分担一项家务劳动				
4.积极为家庭分担力所能及的家务劳动				

做合格的值日生

一、班会背景

《中小学德育工作指南》指出："在学校日常运行中渗透劳动教育，积极组织学生参与校园卫生保洁、绿化美化，普及校园种植。"

值日是智障学生参与班级劳动的重要形式之一，智障学生因生理缺陷、情感体验障碍，社会参与有一定的困难，因此他们需要更多的支持。引导学生懂得作为班级的小主人，应该对班集体尽职尽责，做好值日。因此设计"做合格的值日生"主题班会，引导学生参与班级值日活动，体会担当的快乐。

二、班会目标

A组：

（1）知道自己是值日生，了解自己的值日任务。

（2）主动、有质量地完成值日任务，并从中获得快乐。

B组：

（1）知道自己是值日生，有意识地参与值日活动。

（2）在老师的指导下按照要求完成值日任务，提高责任意识。

C组：

知道自己是班级的成员，愿意在辅助下参加班级值日活动。

三、班会重难点

（1）按要求认真完成值日任务。

（2）主动担当，做好班级值日生，强化责任意识。

四、课时安排

1课时。

五、班会准备

1. 经验准备

收集学生日常参加班级值日活动的视频（照片）。

2. 物质准备

（1）垃圾桶。

（2）拖把、扫把。

（3）班级值日表1份。

（4）绘本《做老板喽》。

3. 其他准备

（1）课件1份。

（2）"家校互动小打卡"10份。

六、班会过程

1. 图片导入

（1）展示"班级值日表"，请学生代表说说表中的学生是什么身份？

引导学生明确，表中列出了同学的名字，每个同学都是"值日生"，请对照表格找出自己的名字和对应的值日任务。

（2）导入课题。

我们每个人都是班集体的一分子，所以大家都要承担值日任务。做好值日是非常重要且有意义的事情，我们要积极认真对待。让我们来看看怎样做一名合格的值日生。

2. 结合场景，分析讨论

（1）播放视频，呈现场景。

场景一：小华负责午餐后扫地，他每天都做得很认真，期末获得了"劳动之星"称号。

场景二：小星在完成自己的值日任务后，还帮助其他同学一起擦桌子。

场景三：小美跟妈妈抱怨，每天值日负责擦黑板，太累了，她说一点都不想做值日生。

（2）讨论明确：哪个小朋友是合格的值日生？

小华和小星认真负责地完成自己的值日任务，是合格的值日生。

小星能在完成自己的值日任务后，主动帮助他人，是热心助人的合格值日生。

小美认为做值日太累，她不想承担值日工作，我们应该想办法帮助她认真做好值日工作。

3. 小组互动：我们都来帮帮小美

（1）小组成员分别轮流承担班级扫地、拖地、擦桌子、擦黑板等不同的值日任务，挑选并引导小美小组内认真又热心的同学和小美结对，让其引领并督促小美完成不同的值日任务。

（2）小组讨论：做值日是我们必须承担的任务，只要我们认真对待，付出一点辛苦就能做好。

（3）针对小美的进步表现，教师引导小组成员给她点赞和表扬。

4. 评一评

利用平时记录的学生值日的视频和照片，通过自评和互评形式，评选三名班级"优秀值日生"。

5. 课堂小结

我们是班级的一分子，是班级的小主人，做好值日是我们每个人的责

担当

任。让我们行动起来，按照"班级值日表"的安排用心为班级服务，为创造美好的班级环境尽自己的一分力量。

七、班会建议

（1）大部分智障学生伴随有动作发育不协调的问题，因此需要根据学生现有身体条件和动作功能水平安排、设置适合他们的值日任务。

（2）可利用"自评和互评"以及"小红花代币"积分形式关注学生在班级值日中的积极表现，提高他们的任务意识和责任心。

（3）争取家长的支持，让学生在家也能坚持做好力所能及的事情，如扫地、擦桌子等，可以用表格形式列出任务，引导他们坚持认真地做好约定的事情，承担家庭的一份责任。

八、拓展延伸

（1）和父母一起完成一项家务劳动。
（2）亲子绘本阅读《做老板喽》。

九、家校互动小打卡

亲爱的爸爸妈妈：

本周我们开展了"做合格的值日生"主题班会活动，为了巩固和提升教育成效，让学校的知识内容泛化到日常生活中，请您引领、协助和督促孩子完成打卡（见下表）。谢谢您的支持和配合！

班会课题：做合格的值日生

打卡项目	完成情况			备注
	独立完成	部分完成	未完成	
1.和家人一起制订适合自己的周末计划				
2.负责给家里的植物浇水				
3.负责喂养家中宠物				
4.和父母一起完成周末"家庭大扫除"				

我是小义工

一、班会背景

《中小学德育工作指南》提出："要广泛开展与学生年龄、智力相适应的志愿服务活动。"深圳是一座全民义工的城市，作为连续六届的全国文明城市，深圳有着非常浓厚的义工文化。参与义工活动是智障学生参与社会、融入社会的良好契机，也更能展现深圳作为中国特色社会主义先行示范区的包容与温度。设计"我是小义工"主题班会，引导高年级智障学生在可能的条件下参与体验义工服务活动，感受和了解作为义工的使命与意义，实现自身的社会价值。

二、班会目标

A组：

（1）了解义工的工作内容、服务形式及其意义。

（2）体验义工工作，体会作为义工的使命和价值。

（3）感受作为一名义工服务他人和社会的幸福感。

B组：

（1）了解义工的工作内容和服务形式。

（2）能在老师的指导下参与学校义工工作，能保障自身安全，并尽力做出自己的贡献。

C组：

（1）对义工工作有一定的了解。

（2）在有需要时能有礼貌地向义工寻求帮助。

三、班会重难点

（1）了解义工的工作内容、服务形式及其意义。

（2）理解作为一名义工的使命，在可能的条件下，体验义工工作，感受服务他人、服务社会的幸福感。

四、课时安排

2课时（第一课时讲授，第二课时外出实践体验）。

五、班会准备

1.经验准备

（1）提前制作采访卡，家长带学生采访社区义工，和义工拍照，了解义工的工作内容、工作要求、注意事项等。

（2）联系社区工作站相关负责人，请求社区义工联合会代表的支持、配合和参与"我是小义工"实践活动。

2.物质准备

（1）义工红马甲。

（2）《创建全国文明城市宣传手册》若干。

（3）宣传横幅。

（4）扫把、垃圾袋。

（5）扩音器。

（6）图片、照片等。

3.其他准备

（1）课件1份。

（2）相关拓展资源。

（3）"家校互动小打卡"10份。

六、班会过程

第一课时

1.图片导入

请学生依次展示自己和义工的合照，介绍自己采访的义工，说说他们分别承担什么工作？提供什么服务？

明确：深圳是一座全民义工的城市，大家经常得到义工的帮助。在得到关爱和帮助的同时，我们也可以去学习做个小义工，服务社会、服务他人。今天我们来学习"我是小义工"，了解怎样才能做名合格的义工。

2.观看视频，了解义工工作

（1）观看深圳义工联合会宣传视频。

（2）说说通过观看视频，我们了解了义工工作哪些方面的内容？

（3）教师小结：我们经常能看到防疫义工、交通义工在不同的工作岗位忙碌，他们牺牲自己的休息时间为别人服务。他们给人们的生活带来了很多帮助，并创建着深圳的文明。

3."小义工在行动"系列准备活动

（1）教师宣讲：我们了解了义工的工作，在社区义工联合会的支持下，我们也有机会去参与义工体验活动。深圳正在创建全国文明城市，我邀请大家跟老师一起走入社区。我们可以给社区的爷爷奶奶、叔叔阿姨、小朋友们分发《创建全国文明城市宣传手册》，倡议大家在横幅上签字，为创建文明城市做出庄严的承诺。让我们一起努力，为深圳成功创建文明城市做出努力。

（2）用图片形式展示"小义工在行动"的工作任务。

①分发《创建全国文明城市宣传手册》，并向市民介绍宣传册内容。

②动员和倡议市民在创建文明城市横幅上签字。

担当

③参加社区清扫活动，迎接文明城市的检查工作。

（3）人员分工，明确任务要求。

A组：在社区义工联合会指引下，在指定范围内分发《创建全国文明城市宣传册》。

B组：在社区义工联合会和父母的引领下一起宣读创建文明城市条幅宣传标语，倡议市民签字。

C组：在父母的带领下打扫小区。

D组：教师和义工代表巡回拍照与摄影，记录活动过程。

（4）社区义工联合会代表宣讲活动有关注意事项。

①讲解活动有关注意事项。

②示范并情境展示活动的其他问题。

4. 分配任务

分发义工马甲，各组负责人把任务和要求分别传达到每一位学生与家长。

5. 课堂小结

我们今天对义工工作有了一定的了解。在社区义工联合会的大力支持下，下节课我们有机会跟着义工叔叔阿姨们一起走进社区，我们将在爸爸妈妈的陪伴下参加"小义工在行动"体验活动。大家可以利用周末时间好好准备一下，下周我们一起出发！

第二课时

（1）社区义工代表和各组组长再次强调活动要求与注意事项。

（2）各组按计划完成义工体验活动，教师和义工代表巡回拍照与摄影，记录活动过程。

（3）义工代表和家长对学生的表现进行点评。

（4）学生代表分享活动感受。

（5）活动结束，学生整队安全返校。

（6）展示学生活动照片（视频），教师对活动进行总结。

七、班会建议

（1）智障学生外出活动的机会较少，为了确保学生安全和活动顺利开展，需要提前和社区义工联合会沟通，得到他们的支持，并和家长做好沟通，争取家长共同参与，陪伴孩子体验活动。

（2）针对智障学生个体差异性较大的特点，体验活动建议分层要求，布置不同的任务。

八、拓展延伸

（1）和父母一起参与社区公益活动。

（2）完成一份义工体验活动的简报，可以用文字、视频、图片等多种形式展现。

（3）参加学校义工服务队。

九、家校互动小打卡

亲爱的爸爸妈妈：

本周我们开展了"我是小义工"主题班会活动，为了巩固和提升教育成效，请您引领、协助和督促孩子完成打卡（见下表）。**谢谢您的支持和配合！**

班会课题：我是小义工

打卡项目	完成情况			备注
	独立完成	部分完成	未完成	
1.参加学校义工服务队				
2.听从指令，配合社区义工的要求参加义工体验活动				
3.和父母一起参与小区清扫活动				
4.和父母一起体验交通义工工作				

担当

诚 信

孔子曰:"言必信,行必果。"

诚信是人本身的良知,是立足社会的名片。诚信为本,学做真人。

遵守校纪，做个合格的小学生

一、班会背景

国有国法，家有家规，学校也有校规校纪。规范的校规校纪可以维护学校正常秩序，创造良好的学习环境。智障学生由于认知水平受限，是非分辨能力和自我约束能力较弱，因而较多地出现违反校规校纪的情况。因此设计"遵守校纪，做个合格的小学生"主题班会，针对学生常见的违规情况（以迟到、上课吵闹、说脏话、破坏公物等为例），引导智障学生明辨是非，遵守校规校纪，养成良好的行为习惯，做个合格的小学生。

二、班会目标

A组：

（1）了解《小学生守则》有关行为规范的要求，能自觉遵守校纪班规，做个合格的小学生。

（2）能分辨常见的违纪行为：迟到、上课吵闹、说脏话、破坏公物等。

（3）了解违纪行为带来的不良后果，以及违纪后需承担的责任。

（4）发现他人出现违纪行为，懂得如何正确帮助他人。

B组：

（1）了解《小学生守则》有关行为规范的要求，在提醒下遵守校纪班规，做个合格的小学生。

（2）能分辨常见的违纪行为：迟到、上课吵闹、说脏话、破坏公物等。

（3）在引导下了解违纪行为带来的不良后果和违纪后需承担的责任。

C组：

（1）树立遵守校纪班规，做个合格的小学生的初步意识。

（2）在引导下能了解和分辨常见的违纪行为：迟到、上课吵闹、说脏话、破坏公物等。

三、班会重难点

（1）能分辨常见的违纪行为：迟到、上课吵闹、说脏话、破坏公物等。了解违纪行为带来的不良后果以及违纪后需要承担的责任。

（2）了解《小学生守则》有关行为规范的要求，提高遵守校纪班规的自觉性。

四、课时安排

2课时。

五、班会准备

1. 经验准备

请家长引导孩子说说近期在校表现，是否有违反校纪（迟到、上课吵闹、说脏话、破坏公物等），被老师提醒、警告甚至批评的情况。

2. 物质准备

（1）哆啦A梦玩偶一个。

（2）《小学生守则》一份。

3. 其他准备

（1）课件1份。

（2）"家校互动小打卡"10份。

诚信

六、班会过程

第一课时

1. 情境导入

利用哆啦A梦人偶讲述故事，创设故事情境：大雄今天被妈妈批评了，因为老师打电话来说大雄最近在学校多次违反了校纪，要被停课。可大雄不希望自己被停课，可是他好像不知道自己违反了什么校纪，于是他请哆啦A梦帮忙，通过任意门回到过去，看看自己到底在学校做了什么。

2. 情景再现一：大雄迟到

（1）利用四格漫画展示大雄迟到的情境：大雄因为早上睡懒觉，上学迟到了，被老师要求留在教室外面反思。

（2）请学生看图讨论以下问题。

① 大雄为什么迟到？

② 最近大雄多次迟到，老师是怎样处理他的问题的？

③ 如果不想迟到，大雄应该怎么做？

引导学生理解迟到是违反校纪的行为，需要反思并接受批评。但是如果因特殊情况迟到了是可以理解的，如生病等突发事件，可以请假。

（3）大雄的反思：上学不迟到。

大雄意识到自己迟到违反了校纪，学校有纪律要求按时上学，不无故迟到早退。他向哆啦A梦承诺自己再也不迟到了，于是哆啦A梦利用任意门让他回到了迟到的那天早上，大雄没有再睡懒觉，而是早早起床、出门，准时到了学校。

3. 情景再现二：上课吵闹

（1）利用四格漫画展示大雄上课吵闹的情境：大雄总是在生活课堂上和同桌说话，被老师批评后还哭闹不止。

（2）请学生看图讨论，描述大雄上课时吵闹的情况，并询问学生以下问题。

① 老师为什么批评大雄？

② 大雄应该怎么做？大雄的同学可以怎样帮助他？

引导学生理解上课吵闹是违反班规的行为，既影响老师上课，也影响同学听课，因此老师批评大雄。在受到老师批评后他更不应该哭闹，而应该静下来反思并尽快改正。

作为大雄的同学，在大雄吵闹时应该及时制止他，告诉他上课要专心听讲，不能说话。

（3）大雄的反思：上课不吵闹。

大雄意识到自己上课吵闹违反了班规，班级有规定上课要专心听讲，不说话、不哭闹。他向哆啦A梦承诺自己上课再也不吵闹、哭闹了，于是哆啦A梦利用任意门让他回到了那天上课的场景中，大雄这次专心地上完了生活课，他发现专心听讲能学到许多知识，并表示自己会坚持认真听讲。

4. 课堂小结

今天我们跟着哆啦A梦一起去看了大雄在学校的表现，大雄原先表现不好，他上学多次迟到，上课经常吵闹，违反了校纪班规，因此受到了批评与惩罚。但是大雄意识到了自己的错误，并在哆啦A梦的帮助下积极改正了，他希望自己做一名合格的小学生。

遵守校纪班规，我们也要做到：上学不迟到，上课不吵闹。

第二课时

1. 漫画导入

利用漫画简要回顾哆啦A梦带大雄找到他违反校纪班规的情景。

教师导入：大雄已经认识到自己迟到和上课吵闹的错误，但是大雄被停课还有其他原因，让我们跟着哆啦A梦一起再去看看。

2. 情景再现三：说脏话和骂人

（1）利用四格漫画展示大雄和同学争吵时的情景：在放学排队时，同学小A不小心踩了大雄一脚，大雄的新鞋上印了一个黑脚印，大雄非常生气，用脏话骂了小A，小A哭着跑走了。

（2）请学生看图说说发生了什么事情，并讨论以下问题。

①小A同学为什么哭了？

②大雄用脏话骂人，小A听了心里是什么感觉呢？

③大雄生气了，他可以怎么做呢？

引导学生理解说脏话骂人是不文明的行为，是违反校纪的行为，这样会伤害别人。别人不小心伤害到我们，我们可以试着去了解原因，尝试与同学沟通，而不是说脏话骂人，如果不能解决问题，那就寻求老师的帮助。

（3）大雄的反思：不能说脏话和骂人。

大雄意识到自己的行为伤害了小A，说脏话骂人也是违反校纪的行为。《小学生守则》明确规定：小学生应当"明礼守法讲美德"，说脏话是不文明的违纪行为。大雄觉得自己做得很不对，他请哆啦A梦利用任意门回到当时的情境。在同学小A不小心踩了大雄后，大雄只是拍了拍鞋子上的尘土，对向他道歉的小A说"没关系"，随后两人结伴回家了。

3. 学习文明礼貌儿歌

不说脏话、不骂人，只是做好一名合格小学生最基本的要求，我们还应在生活中多使用文明礼貌用语。现在请大家学习一首儿歌，让我们一起学习一些文明礼貌用语。

> 小学生，要做到，讲文明，懂礼貌。
>
> 见到长辈问"您好"，彬彬有礼面微笑。
>
> 需要帮助先说"请"，得到帮助"谢谢您"。
>
> 分手道别说"再见"，向人道歉"对不起"。
>
> 人人都要讲文明，礼貌用语我能行！

4. 情景再现四：破坏公物

（1）利用四格漫画展示大雄有一天在课桌和走廊墙壁上刻字的情景，老师发现后，要求大雄写检讨书，还打电话给大雄的家长要求赔偿。

（2）请学生看图说出大雄破坏公物的行为，并讨论以下问题。

① 课桌和走廊的墙壁是学校所有的公物，大家可以随意在上面乱涂乱刻吗？

② 如果你看到有人在破坏公物，你会怎么做？

引导学生认识到破坏公物是违反校纪的行为，是要受到惩罚的，我们不能在公物上乱涂乱刻。如果看到他人破坏公物，应当立即制止，若无法制止，则可以告诉老师。

（3）大雄的反思：爱护公物不乱画。

大雄意识到自己的做法是不文明的，是违反校纪的，他很后悔，并请哆啦A梦利用任意门回到当时的情境，大雄不仅没有再刻字，还把桌子上乱涂乱画的涂鸦也擦得干干净净；老师看到后向他点头微笑。

5. **课堂小结**

同学们，我们看到大雄有哆啦A梦帮忙，可以从任意门回到以前，但是我们的现实生活中并没有任意门，没有重来的机会，所以大家要时刻牢记校纪班规，不要等到犯错并受到处罚后才后悔。请大家再读一读《小学生守则》，争做一名合格的小学生！

七、班会建议

（1）采用学生喜闻乐见的卡通人物串联学习内容，如班级学生有喜爱的动画片，可将班会中的哆啦A梦进行更换。

（2）利用"家校互动小打卡"，争取家长的支持，督促和激励学生按照《小学生守则》要求，做好自己应该做的事情，做个合格的小学生。

八、拓展延伸

（1）学习《小学生守则》中其他规定和内容，了解其要求并自觉遵守。

（2）跟家人一起整理自己上学以来的获奖证书（奖章），并讨论获奖原因。

诚信

九、家校互动小打卡

亲爱的爸爸妈妈：

本周我们开展了"遵守校纪，做个合格的小学生"主题班会活动，为了巩固和提升教育成效，请您引领、协助和督促孩子完成打卡（见下表）。谢谢您的支持和配合！

班会课题：遵守校纪，做个合格的小学生

打卡项目	完成情况			备注
	独立完成	部分完成	未完成	
1.不睡懒觉，上学不迟到				
2.听从教导，不吵闹，不耍赖皮				
3.不说脏话，使用文明礼貌用语				
4.爱护花草树木，不破坏公物				

知错就改，敢于承担

一、班会背景

人非圣贤，孰能无过。人的认识是一个辩证发展的过程，而错误在这个过程中既可能是助力剂，也可能是阻力点，这取决于我们对待错误的态度。智障学生认知能力有限，是非判断水平偏低，这让他们出错较多，且惧怕犯错，常出现逃避错误、知错不改的情况。因此设计"知错就改，敢于承担"主题班会，引导智障学生正确看待错误，勇于承认错误，并积极改正，从而不断取得进步。

二、班会目标

A组：

（1）认识错误，了解错误发生的主要原因。

（2）勇于承认错误，并积极改正。

（3）不回避错误，能耐心听取教导或建议，并能进行认真反思。

B组：

（1）认识错误，能在老师的指导下分析错误发生的原因。

（2）不回避错误，有耐心听取教导或建议的态度。

C组：

（1）能在老师的指导下承认错误。

（2）能听取教导或建议，在督促下改正错误。

三、班会重难点

（1）认识错误，了解错误发生的主要原因。

（2）能勇于承认错误，并积极改正错误。

四、课时安排

1课时。

五、班会准备

1. 经验准备

（1）观看动画故事《谁做错了》，分享绘本《对不起》《亡羊补牢》。

（2）收集整理部分同学平时"恶作剧"的视频（照片）。

2. 物质准备

绘本《对不起》。

3. 其他准备

（1）故事资源《谁打碎了花瓶》《亡羊补牢》。

（2）课件1份。

（3）"家校互动小打卡"10份。

六、班会过程

1. 故事导入

（1）利用课件配合讲述故事《谁打碎了花瓶》的前半部分，男孩到姑妈家玩，不小心把花瓶打碎了。向学生询问以下问题。

① 男孩犯了什么错误？他是故意将花瓶打碎的吗？

② 男孩打碎了花瓶，他是坏孩子吗？

③ 你认为男孩接下来该怎么做？

（2）引导明确：通过几个问题我们认识到错误有时不可避免，但犯了错误不代表就是坏孩子，也不代表就无法弥补。我们应当客观地看待错误，既不能忽视错误，认为小错无所谓；也不能惧怕错误，认为错误不可逆。

（3）导入主题：继续把《谁打碎了花瓶》的故事分享完，并告诉学生故事的主人公就是伟大的革命家列宁，那么了不起的人都会犯错，同学们在生活中也难免会犯错，关键是我们要学会知错就改，敢于承担。

2. 观看故事视频《亡羊补牢》

（1）请学生观看寓言故事视频《亡羊补牢》。

看完后讨论以下问题，引导学生明白改正错误的重要性。

① 第一天养羊人发现少了一只羊，他听取邻居的建议及时修补羊圈了吗?

② 第二天养羊人又发现了什么？他接下来做了什么？

③ 这个故事告诉我们什么道理？

（2）教师总结：生活中我们不可避免都会犯错，关键是我们要敢于面对，勇于承担，知错就改，不然小错可能铸成大错！

3. 我会道歉

（1）教师引导语：当我们犯了错误要及时去改正，如果影响到了别人，更要第一时间承认错误，向别人道歉。

（2）对照图片理解什么情况下应该道歉：小朋友把别人的东西碰掉了、不小心踩了别人一脚……

（3）理解学习使用道歉语："对不起""不好意思""非常抱歉""给你添麻烦了"……

（4）情境模拟练习：我会说"对不起"。

4. 发现"恶作剧"

（1）播放整理好的视频花絮片段"他们的恶作剧"。

① 小明在同桌起来回答问题的时候，将同桌的椅子挪开了，同桌坐下时摔倒了，小明捂住嘴巴笑了起来。

② 小方故意把同学的文具盒藏起来。

③ 丁丁把粉笔头丢进同学的水杯中。

（2）看完视频后引导学生讨论和思考"恶作剧"可能给同学造成的危害后果。

（3）教师总结：有些错误不可避免，但有些错误却是有人故意犯的，故意去搞"恶作剧"，让别人出丑或难受。这样故意犯错会惹人生气，甚至伤害到别人，是非常不可取的。我们要正确看待错误，不要恶作剧，不做伤害他人的事。

5. 课堂小结

我们每个人不可避免都会犯错误，犯错并不要紧，重要的是我们要有面对错误的勇气和改正错误的能力。如果不及时改正，就会由小变大、由少变多，"小错不改，酿成大错"，有错不改多么危险！所以我们要及时行动，知错就改。

七、班会建议

在听故事或看视频的过程中，及时将关键信息结合图片进行板书，为学生回忆故事情节理解故事内容提供支持。

八、拓展延伸

（1）请学生自评、互评，在日常生活中是否敢于承担错误，知错就改。

（2）阅读绘本《对不起》。

九、家校互动小打卡

亲爱的爸爸妈妈：

本周我们开展了"知错就改，敢于承担"主题班会活动，为了巩固和提升教育成效，请您引领、协助和督促孩子完成打卡（见下表）。谢谢您的支持和配合！

班会课题：知错就改，敢于承担

打卡项目	完成情况			备注
	独立完成	部分完成	未完成	
1.正确看待错误，不回避他人的批评				
2.听从教导，及时改正错误				
3.犯错影响了他人时，真诚地道歉				
4.不"恶作剧"				

诚信

诚实守信，做个文明好学生

一、班会背景

自改革开放以来，我国经济快速发展，当前社会主义现代化建设已经进入新时期。但随之而来的，社会中弄虚作假、诈骗牟利等现象屡见不鲜。这些诚信缺失的现象无时无刻不在冲击着学生的心灵，对学生的成长产生了不可轻视的负面影响。

诚信是中华民族的传统美德，诚信是人必备的优良品格，讲诚信的人处处受欢迎，不讲诚信的人无法得到他人的信任和支持。诚信是为人之道，立身之本。智障学生虽然存在认知障碍，但他们仍然具有追求美好事物的内心渴望。因此设计"诚实守信，做个文明好学生"主题班会，引导智障学生明白诚信的重要意义，做个诚实守信的优秀学生。

二、班会目标

A组：

（1）理解诚信的含义，懂得诚信的重要意义。

（2）把诚信作为与人相处的原则，懂得在日常生活待人接物方面做到诚实守信。

B组：

（1）基本理解诚信的含义。

（2）在老师的指导下能做到诚实不说谎，答应别人的事尽力去完成。

C组：

（1）基本理解诚信的含义。

（2）感受到诚信的重要性。

三、班会重难点

（1）理解诚信的含义，明白诚信的重要意义。

（2）把诚信作为与人相处的原则，懂得在日常生活中要做到诚实守信。

四、课时安排

1课时。

五、班会准备

1. 经验准备

（1）了解生活中的诚信现象：无人售票公交车、无人商店。

（2）了解生活中的诈骗现象：电信诈骗、假一赔十等虚假广告宣传。

2. 物质准备

诚信存折、图片。

3. 其他准备

（1）课件1份。

（2）诚信故事《狼来了》《艾迪，说到做到》。

（3）"家校互动小打卡"10份。

六、班会过程

1. 故事导入

讲述故事《狼来了》。

（1）引导学生理解故事大意：放羊的男孩两次欺骗村民，呼喊"狼来

诚
信

了"，最后他失去了别人的信任，当狼真的来了，他再向别人求助时，别人已经不再相信他，最后他的羊被狼吃掉了。

（2）引导学生思考并回答下面问题，理解诚实的含义与重要性。

① 放羊的男孩前两次呼喊"狼来了"，实际上有狼吗？村民们有没有过来帮助他？

② 第三次狼真的来了，放羊的男孩拼命呼叫"狼来了"，有没有村民过来帮助他？为什么？

③你觉得放羊的男孩做得对不对？

教师总结：说谎是一种不好的行为，体现了对别人的不尊重，让人觉得他不可信任。放羊的男孩，多次说谎捉弄别人，最后没有人相信他的话，也就没有人来帮助他了，而这正是他欺骗村民们失去诚信的后果。

（3）导入课题"诚实守信，做个文明好学生"。

2. 了解生活中的诚信

（1）引导学生讨论生活中的诚信或者失信事件，进一步理解诚信的重要意义。

诚信事件：无人售票公交车、无人商店等。

失信事件：电信诈骗、假一赔十等虚假广告宣传。

（2）讨论过渡：诚信既包含诚实，也有守信用的意思。诚实就是表里如一，言行一致。而守信就是遵守诺言，答应了他人的事情要做到。

3. 分享绘本故事《艾迪，说到做到》

（1）请学生阅读绘本故事《艾迪，说到做到》。

故事大意：小老鼠艾迪总是无法遵守自己的承诺，直到它遇到了一只猫，艾迪很是害怕，但是猫承诺自己会让艾迪平安回家，不会追它，艾迪感到很安心。从此以后，艾迪决定做个诚信的小老鼠，而它也确实做到了。

（2）讲完后结合故事讨论问题，引导学生理解"守信"的含义与重要性。

小老鼠艾迪遇到了谁？它害怕猫吗？为什么？

猫对艾迪说了什么？它有没有追艾迪？

你觉得猫怎么样？

教师小结：说出的话就是承诺，我们要说到做到。猫给艾迪做出了很好的榜样。

4."诚信列车"游戏

（1）介绍"诚信列车"游戏规则。

向学生介绍班级"诚信列车"，即模拟无人售票公交车，告诉学生乘车的程序：上车、刷卡、乘车、下车。请学生分角色饰演司机、乘客、报站员，乘客上车后需刷卡才能乘车。

（2）大家一起乘车。

请学生乘坐"诚信列车"，观察学生表现并录像。当学生忘记刷卡时提醒学生。在游戏结束后通过回看录像，再次强调我们应当诚信做人，在没有人提醒的情况下也要记得刷卡。

5."诚信银行"体验活动

（1）介绍"诚信银行"。

向学生介绍班级"诚信银行"，办理了诚信存折的人可以借用班级物品（如书籍、玩具等）。如能按照约定时间完好归还，就能获得一个诚信币，并记录在诚信存折上。如不能及时归还，则将留下失信记录，一旦失信记录达到三次，就不能参加"诚信银行"体验活动，不能借用自己喜欢的玩具等。

如果要办理"诚信银行"存折，则需要签订诚信承诺书。

（2）签订诚信承诺书。

引导学生承诺做诚信的人，说诚实话，做诚实事，信守承诺，在诚信存折上签名并盖手印。

①发放"诚信存折"。

②参加"诚信银行"体验活动。

③"诚信银行"体验活动的分享和总结。

诚信承诺书				
诚信是中华传统优良美德，我承诺从今天起做个诚信的人，说诚实话，办诚实事，信守承诺！ 承诺人：				
信用记录				
诚信记录	起始日期	终止日期	是否守信	收益（积分）
借用（借阅）……				◎/×
约定……				

6. 课堂小结

同学们，今天我们通过学习懂得了诚信的重要意义。诚信就是诚实做人，信守承诺。诚信对每个人都很重要，诚信的人处处受欢迎，不讲诚信的人无法得到他人的信任。希望大家都能做个诚信的人！

七、 班会建议

（1）诚信不仅需要在学校的人际交往中体现，还需要在生活中得到强化，可以建议家长沿用"诚信银行"的做法，帮助学生提高诚信意识。

（2）在故事讲述过程中，及时将关键故事信息结合图片进行板书，为学生回忆故事情节提供支持。

八、 拓展延伸

（1）听爸爸妈妈讲有关诚信的小故事。

（2）将"诚信存折"活动延伸拓展到家庭中使用。

（3）结合生活现象，了解社会中有关诈骗失信的案例。

九、 家校互动小打卡

亲爱的爸爸妈妈：

本周我们开展了"诚实守信，做个文明好学生"主题班会活动，为了巩固和提升教育成效，请您引领、协助和督促孩子完成打卡（见下表）。谢谢您的支持和配合！

班会课题：诚实守信，做个文明好学生

打卡项目	完成情况			备注
	独立完成	部分完成	未完成	
1.与家人讨论分享一个诚信故事（案例）				
2.不说谎，犯错时如实说出真实情况				
3.信守承诺，按照与爸爸妈妈的约定完成任务				
4.坐公交出行时主动投币（刷卡）				

诚信

知法守法，做个合格小公民

一、班会背景

法律是维护国家稳定和各项事业蓬勃发展的最强有力的武器，它捍卫着人民群众的权力和利益。《中华人民共和国预防未成年人犯罪法》是为了保障未成年人身心健康，培养未成年人良好品行，有效预防未成年人违法犯罪而制定的法律。2020年12月26日经过最新一轮修订，自2021年6月1日起施行。

由于青少年的世界观尚处于形成阶段，容易受到他人影响，因此他们往往是受人教唆犯罪的重点人群。智障学生因认知发展受限，是非分辨能力较弱，更容易被人利用、易受教唆犯错甚至犯罪，因此设计"知法守法，做个合格小公民"主题班会，以未成年人犯罪中常见的"偷窃""打架斗殴"现象为例，教育和引导智障学生了解法律知识，知法守法，远离犯罪，做个合格小公民。

二、班会目标

A组：

（1）认识偷窃和打架斗殴是危害社会的违法行为，知道违法必然受到法律的惩罚。

（2）懂得法律神圣不可侵犯，明白法律面前人人平等的道理。

（3）提高知法守法的意识，远离偷窃和打架斗殴行为。

（4）提高自我保护意识，遇到偷窃和打架斗殴能正确处理。

B组：

（1）理解偷窃和打架斗殴的含义，能判断偷窃和打架斗殴的行为。

（2）知道偷窃和打架斗殴是违法行为，会受到法律的惩罚。

（3）有守法的意识，不做偷窃或打架斗殴之类的事情。

C组：

（1）在教师的指导下能判断偷窃和打架斗殴等不良行为，了解这些行为的危害后果。

（2）有一定的守法意识，不受人唆使做违法事情。

三、班会重难点

（1）认识偷窃和打架斗殴是危害社会的违法行为，懂得违法必须受到法律的惩罚。

（2）提高知法守法意识，远离偷窃和打架斗殴行为。

四、课时安排

1课时。

五、班会准备

1. 经验准备
讨论《今日说法》典型案例。

2. 物质准备
警察服饰一套，宣传图片若干。

3. 其他准备
（1）课件1份。

（2）有关偷窃和打架斗殴的普法视频。

（3）"家校互动小打卡" 10份。

六、班会过程

1. 视频导入

观看普法宣传片——"偷窃"片段，让学生认识偷窃是违法犯罪的严重不良行为，未成年犯罪同样要接受相应的处罚。让学生对"偷窃行为是错误的，是可耻的"有初步的印象。导入主题——知法守法，做个合格小公民。

2. 认识盗窃

（1）请A组学生说一说什么是偷窃？（偷东西、拿别人的东西……）

（2）利用课件，请学生做判断闯关游戏，判断图片中行为是否为盗窃行为。

3. 说一说

如果发现有人在偷东西，你会怎么做？

学生多会表达对偷窃者的不满，甚至提出"收拾"他。这时应当先充分肯定同学们对偷窃行为的态度，同时要告知学生我们应当见义勇为，但不要贸然与偷窃者对抗，不然很可能将自己和失主置于危险的境地。我们可以尽可能更多地掌握偷窃者的特点，然后尽快报警，在保证安全的前提下可以告知失主。

4. 认识打架斗殴

观看普法宣传片——"打架斗殴"片段，让学生认识打架斗殴是违法犯罪的不良行为，未成年犯罪同样要接受相应的处罚。让学生对"打架斗殴行为是错误的，是可耻的"有初步的认识。

（1）请A组学生说一说什么是打架斗殴？（用手打、用脚踢，甚至使用棍棒、石头、刀枪等工具打人……）

（2）利用课件，请学生做判断闯关的游戏，判断图中行为是否是打架斗殴的违法行为。

5. 法律义工进课堂

邀请社区民警或从事律师、警察、法官等相关职业的家长作为法律义工走进课堂，给学生带来普法知识讲座。法律义工穿着职业制服，向学生讲述工作中遇到的偷窃等违法案例，通过真实的事例教育学生远离违法犯罪，做个合格小公民。

6. 法律知识抢答

请法律义工组织学生参与进行普法知识抢答游戏，引导学生加强对偷窃、打架斗殴等违法犯罪行为的分辨和认识，提高知法守法的意识。

7. 课堂小结

今天我们认识了偷窃和打架斗殴这两种违法犯罪行为，懂得了违法必将受到法律的惩罚。我们应当了解法律，遵守法律，远离犯罪。我邀请同学们签订"知法守法承诺书"，并领取一份"学法守法小达人"记录册，课后我们要主动去了解更多的法律知识，做个知法守法的合格小公民。

知法守法承诺书

法律是行为的约束，也是我们的保护，我承诺积极学习法律知识，知法守法，做个合格的小公民。

承诺人：

"学法守法小达人"记录册

学习日期	法律条款	遵守承诺
月　日	《中华人民共和国刑法》第二百六十四条规定：盗窃公私财物，数额较大的，或者多次盗窃、入户盗窃、携带凶器盗窃、扒窃的，处三年以下有期徒刑、拘役或者管制，并处或者单处罚金……	○/×

诚信

七、班会建议

（1）智障学生的是非辨别能力有限，可能受视频内容的误导而模仿，因此在观看视频后应及时明确指出打架斗殴和偷窃都是错误的，是犯罪行为。

（2）在法律义工开展普法讲座时，可邀请其他班级一起参与，学习法律知识。

（3）教师在班会课前应调查确认班级学生行为问题，是否存在违法行为或有违法念头，以便有针对性地进行关注和引导。

八、拓展延伸

（1）在爸爸妈妈的指导下，学习更多的法律知识，如《中华人民共和国预防未成年人犯罪法》《中华人民共和国未成年人保护法》等。

（2）引导学生树立自我保护意识，教育学生如遇到他人对自己做出违法之事，应当拿起法律的武器保护自己。

九、家校互动小打卡

亲爱的爸爸妈妈：

本周我们开展了"知法守法，做个合格小学生"主题班会活动，为了巩固和提升教育成效，请您引领、协助和督促孩子完成打卡（见下表）。谢谢您的支持和配合！

班会课题：知法守法，做个合格小学生

打卡项目	完成情况			备注
	独立完成	部分完成	未完成	
1.明白偷窃、打架斗殴是违法行为				
2.未经允许，不偷拿他人财物				
3.不参与打架斗殴，不欺负他人，在遭遇打架斗殴时尽快告诉家长或老师				
4.知道违法必将受到法律的惩罚				

友 善

《三国志·蜀志传》中说："勿以恶小而为之，勿以善小而不为。"

趋善而避恶，人之常情。常怀向善之心，世间一切皆美。

和同伴友好相处

一、班会背景

良好的同伴关系有利于学生的身心健康发展，帮助他们形成良好的品质。对于智障学生来说，他们每天接触最多的人就是同伴，培养良好的同伴关系和基本的社交能力可以促进他们养成良好的社交习惯，帮助他们在今后的生活中更好地融入社会，建立自信心。

本节班会课将引导智障学生认识与同伴和睦友好交往的重要性，帮助有着不同社交障碍的智障学生克服困难，更好地融入班级、适应社会。

二、班会目标

A组：

（1）认识班级的老师和同学，能记住同学的名字，初步形成班集体意识。

（2）学习和同伴友好相处的方法，遇到矛盾后懂得求助解决。

（3）热爱班集体，热爱同学，体验和老师、同学相处的快乐。

B组：

（1）能记住同学的名字，初步形成班集体意识。

（2）了解和同伴友好相处的方法。

（3）体验和老师、同学相处的快乐。

C组:

（1）在老师的引领与帮助下认识班级中的老师和同学。

（2）热爱老师和同学，有一定的集体意识。

三、班会重难点

学习基本的交往技能以及和同伴友好相处的方法，热爱老师和同学，热爱班集体。

四、课时安排

1课时。

五、班会准备

1. 经验准备

（1）了解学生的不同性格特点和他们喜欢的社交方式，了解每位学生在班级中的好朋友。

（2）拍摄学生们平时在游戏、学习、劳动等活动中互动的视频。

2. 物质准备

（1）腰鼓一个。

（2）情境图卡一组。

3. 其他准备

（1）课件1份。

（2）相关拓展资源。

（3）"家校互动小打卡"10份。

六、班会过程

1. 游戏互动，导入课题

击鼓传花游戏：教师利用腰鼓打节奏，当鼓声停止的时候，花正好落在

友善

一位同学手上，他需要做自我介绍并说出全班同学的名字。

教师小结：同学们，游戏过程中我们所有同学都介绍了自己，也认识了别的同学。那大家知道应该怎样和同学友好相处呢？带着这个问题，我们开始学习今天的课题"和同伴友好相处"。

2."找朋友"游戏

（1）播放歌曲《找朋友》，让学生跟随歌曲一起律动。

（2）再次播放歌曲，找到自己的好朋友后，和好朋友坐到一起。

导入主题：现在大家都找到了自己的好朋友，同学们知道和好朋友之间该如何相处吗？接下来，我们先来看一看视频中的小朋友们是如何相处的。

3.故事分享

（1）课件呈现《嘟拉文明礼仪小课堂第36集：同学之间要友好相处》。

（2）提问：故事中有哪些小动物？你赞成谁处理问题的方式？

（3）讨论明确：小熊的做法比较合适，被同学欺负了，我们可以先让他道歉，如果自己不能解决问题，可以请求老师帮忙处理。

4.观看视频，发现问题

问题：说说他们这样做有什么问题。

（1）下楼时，小鹏推了小石，弄得小石差点摔倒。

（2）晓东抢了小洪的拼图。

（3）小刚故意把水洒在小云的裤子上，小云被欺负得哭了起来。

5.交流分享：我和同学友好相处的故事

（1）教师出示课前收集到的图片和视频，引导学生说出和同伴友好相处的事情。

（2）讨论并明确同学之间友好相处的方法：一起分享玩具、懂得谦让、关心帮助同伴、待人有礼貌等。

6.情景表演

教师利用图片出示不同场景，让学生模拟表演在相应的情境下该如何和同学相处。两人一组，上台看图表演。

（1）课间玩玩具，和同学分享玩具。

（2）排队时不推搡、不拥挤，懂得谦让同学。

（3）见到同学主动问好。

（4）同学遇到困难主动提供帮助。

7. 课堂小结

同学们，我们在学校与同学朝夕相处，今天我们通过游戏与情景表演等方式学习了和同学友好相处的方法。如果我们都能关心同学，相互友爱，那么我们的班级才会是一个温馨和睦的大家庭，同学们才能在班集体中感受到温暖和快乐。

七、班会建议

（1）针对智障学生个体差异性较大的特点，在分层教学时应多多关注B组、C组的学生，给予他们较多的指导和辅助，帮助他们掌握基本的相处方式，更好地与同伴相处，融入班集体。

（2）对于智障学生来说，新知识和技能的应用与泛化需要较长时间。可以通过"小红花排行榜"的形式督促学生学习和同伴友好相处的方法，一周累计有一定数量小红花的学生可以找老师兑换强化物（奖励）。

八、活动延伸

（1）学习完本主题后，每周在班级进行"友爱之星"评选活动，评上的学生获得一朵小红花，期末小红花最多的学生可以获得"友爱之星"小奖杯。

（2）比一比，请大家分享自己和好朋友之间的故事，说说谁是最受大家欢迎的好朋友。

（3）绘本分享《和大家在一起真好》。

友善

九、家校互动小打卡

亲爱的爸爸妈妈：

本周我们开展了"和同伴友好相处"主题班会活动，为了巩固和提升教育成效，请您引领、协助和督促孩子完成打卡（见下表）。谢谢您的支持和配合！

班会课题：和同伴友好相处

打卡项目	完成情况			备注
	独立完成	部分完成	未完成	
1.跟家人介绍自己的好朋友				
2.跟家人说说与好朋友友好相处的小故事				
3.跟好朋友电话沟通或相约进行户外活动				
4.在小区找到新朋友				

取长补短共成长

一、班会背景

孔子曰："三人行必有我师焉。"这句话中的"师"不仅是老师，也可以是能够让我们学习到优点，能使自己从他身上取长补短的其他人。现在大多数孩子都在父母和长辈的溺爱中成长，常常只能看到自己身上的优点，从而片面否定他人，导致盲目自大。智障学生对于自我认识和评价不够准确，希望通过"取长补短共成长"这节班会课让他们明确认识自己的优缺点，懂得向别人取长补短，从而能够有所进步。

二、班会目标

A组：

（1）能正确认识自己的优点和缺点。

（2）积极参与自评互评活动，学习同伴身上的优点。

（3）有一定的自我反思能力，能积极面对自己的不足。

B组：

（1）能比较正确地认识自己的优点和缺点。

（2）能听从建议，积极学习别人的优点，争取进步。

C组：

（1）在老师的引导下，发觉自身的优点。

（2）在老师的帮助下认识自己的缺点，在老师的指导下学习改正缺点。

三、班会重难点

（1）比较客观、正确地认识和评价自己的优缺点。

（2）能学习同伴身上的优点，不断取得进步。

四、课时安排

1课时。

五、班会准备

1.经验准备

（1）用拍照（视频）的方式记录学生的日常表现。

（2）引导学生自评互评，说说自己的优缺点，找找同学的优点。

2.物质准备

故事主人公卡通头套，图卡若干。

3.其他准备

（1）课件1份。

（2）相关拓展资源。

（3）"家校互动小打卡"10份。

六、班会过程

1.故事导入

（1）讲述故事《长颈鹿和小鸡》。

（2）情景表演：请两名同学戴上头套，进行模仿表演：一位同学扮演长颈鹿，另一位同学扮演小鸡，其余同学评判，并说说谁的本领大。

（3）提问讨论：两个小动物比赛的结果是什么？它们为什么会赢？

（4）导入主题：同学们，我们看到长颈鹿和小鸡都有自己的本领，他们发挥自己的优势分别取得了胜利。同样，我们每个人都有自己的长处和不足，你们知道自己有哪些优点和缺点吗？让我们通过"取长补短共成长"一课的学习，懂得只有善于向别人学习，才能更好地取得进步的道理。

2. 视频分享

（1）小敏总是主动打扫卫生，她热爱劳动的优点值得我们学习，为她点赞。

（2）小峰上课总是积极举手回答问题，我们应该向他学习。

3. 自我评价

（1）找出自己的优点。

A组同学说出自己的2~3个优点；B组同学说出（找出）自己的1个优点；C组同学能在同学或老师的提示下指出自己的1个优点。

（2）找出自己的缺点。

分组交流讨论，再说一说自己的缺点。

4. 小组互评活动

小组内的每位同学分别说一说自己的优点和缺点，同时听一听其他同学对自己的优缺点的评价。

（1）请学生说说自己想学习其他同学的什么优点，并说说应该怎么做。

（2）请学生说说自己的缺点，其他同学提出改进的建议。

5. 送"优点"

（1）老师准备图文结合的优点卡若干。

（2）每个同学分别挑选一个"优点卡"送给合适的同学，并说："我送你一个优点，我给你加油，希望你能更优秀！"

6. "一对一"结对

异质性分组：两人结对成为一组，分别说出一个想向对方学习的优点，然后互相督促，共同进步。

7. 课堂小结

每个人身上都有优点，我们应该发扬自己的优点，并且利用优点帮助他人，也要有勇气认识自己的缺点并努力改正。同时我们要汲取同学身上的长

友善

处来修正自己的不足，取长补短才能更加全面地发展和进步。

七、班会建议

（1）智障学生个体认知能力有限，自评和互评不够准确，需要较多的指导。

（2）针对智障学生个体差异性较大的特点，在分层教学时应多多关注B组、C组的学生，给予他们较多的指导和辅助。

八、活动延伸

（1）引导学生多去观察，发现同学身上的优点，并利用晨会时间请同学说说最近从哪个同学身上学到了什么优点。

（2）引导学生在学习和生活中不断改正缺点。

（3）发现学生有了新优点或改正了缺点，可以利用强化物及时进行奖励。

九、家校互动小打卡

亲爱的爸爸妈妈：

本周我们开展了"取长补短共成长"主题班会活动，为了巩固和提升教育成效，请您引领、协助和督促孩子完成打卡（见下表）。谢谢您的支持和配合！

班会课题：取长补短共成长

打卡项目	完成情况			备注
	独立完成	部分完成	未完成	
1.认识并说出自己的主要优点				
2.认识并说出自己的主要缺点				
3.说一说家人的优点				
4.向家人（兄弟姐妹）学习优点				

互帮互助共进步

一、班会背景

从我国目前整体的家庭教育情况来看，很多孩子在家都受父母或是其他长辈的宠爱，是家里的"小霸王"。他们得到过多的关心和呵护，因此处事多以自我为中心，很少懂得去关心和帮助别人。良好的同伴关系有利于学生的身心健康发展，促进良好品质的形成。智障学生不太懂得如何与人相处和互助，对于低年级的智障学生来说，这更是困扰他们的一个难题。希望通过班会课"互帮互助共进步"和日常学校生活中的点滴小事，引导学生学会和同学互相帮助，共同进步。

二、班会目标

A组：

（1）懂得关心身边的人，学会主动帮助同学。

（2）感受互帮互助带来的团队力量，体验助人为乐的快乐。

B组：

（1）在老师的引导下学会帮助同学。

（2）感受互帮互助带来的团队力量，体验助人为乐的快乐。

（3）热爱班集体和同学。

友善

C组：

（1）认识身边的同学，在引导下能接受同学的帮助。

（2）配合要求完成相应的任务，感受团队合作的快乐。

三、班会重难点

（1）学会关心身边的人，学会主动帮助同学。

（2）感受互帮互助带来的力量，体验助人为乐的快乐。

四、课时安排

1课时。

五、班会准备

1. 经验准备

了解学生平时和同学相处的模式，收集学生平时互助的图片和视频。

2. 物质准备

（1）绘本《三个和尚》《汪汪和呱呱》。

（2）组排图片三张。

3. 其他准备

（1）课件1份。

（2）相关拓展资源。

（3）"家校互动小打卡"10份。

六、班会过程

1. 歌曲导入

（1）播放歌曲《三个和尚》。

（2）讲授《三个和尚》绘本故事，讨论：故事中有几个和尚呢？他们之间发生了什么故事？

（3）讨论明确，导入主题：《三个和尚》的故事让我们看到，一个和尚自己独立打水喝，两个和尚一起抬水喝，三个和尚反而没水喝。从中我们懂得了一个道理，其实只要他们互相帮助，一起努力，就能有水喝。我们要尽力去帮助别人，在帮助别人的同时，自己也会有所收获。

2. 视频分享

视频内容：我们有些同学平时很热心地帮助别人，让我们为他们点赞。

（1）户外活动时小汤帮同学拿水杯。

（2）课前小明帮助同学一起收拾玩具。

（3）课后小杰帮助同学一起打扫卫生。

3. 情景表演

（1）出示情境图片（视频），想想我们可以怎样帮助他。

（2）两人分别组成"一帮一"小组，相互帮助。

① 户外活动课，安安的衣服弄丢了，小林是他的好朋友，陪安安一起去操场找回了他的衣服。

② 上课过程中，小欣肚子痛，她的好朋友小丽陪小欣去医务室看医生。

（3）小组讨论：在学校还能怎么帮助同学呢？

4. 游戏体验

（1）播放音乐《伦敦大桥塌下来》。

（2）学生两两牵手搭桥，让其他学生从桥底穿过，全部同学都穿过了，游戏胜利。如果桥断了，游戏则重新开始。播放两次音乐，升华认识和感悟。

（3）游戏小结：这个游戏让我们认识到，在一个团队中需要及时调整，互相协作，才能共同克服困难，取得成功。

5. 课堂小结

同学们，通过这节课的学习，我们懂得了只有关心他人、帮助他人，才会得到别人的帮助，才能收获更多的朋友和关爱。我们要和同学们互帮互助，共同进步！

友善

七、班会建议

（1）智障学生个体理解能力有限，B组、C组的部分学生对绘本理解有一定困难，可以通过绘本动画或情景表演的形式帮助学生理解绘本内容。

（2）可通过"小红花排行榜"的形式督促学生互相帮助，当某同学表现出帮助同学的良好行为，即可获得一朵小红花，一周累积一定数量小红花的学生可以找老师兑换强化物（奖励）。

八、活动延伸

（1）教师留意观察，记录学生之间互帮互助的精彩瞬间或小故事。

（2）在班级进行"帮忙大比拼"评选活动，给最乐于助人的同学颁发"助人之星"称号。

九、家校互动小打卡

亲爱的爸爸妈妈：

本周我们开展了"互帮互助共进步"主题班会活动，为了巩固和提升教育成效，请您引领、协助和督促孩子完成打卡（见下表）。谢谢您的支持和配合！

班会课题：互帮互助共进步

打卡项目	完成情况			备注
	独立完成	部分完成	未完成	
1.亲子阅读绘本《汪汪和呱呱》				
2.亲子游戏："两人三足"				
3.照顾年幼的弟妹				
4.参加社区的小组互助体验活动				

文明礼貌三句话

一、班会背景

我国是四大文明古国之一，中国自古以来就享有"礼仪之邦"的美誉，礼仪教育是素质教育不可忽视的一部分。我们在生活中与他人相处时要时时讲文明、处处懂礼貌。智障学生虽然有着不同程度的身心缺陷，但是他们同样拥有和他人互动交流的权利，学会与他人相处，自然需要学会基本的文明礼貌用语，为以后融入社会创造条件。

二、班会目标

A组：

（1）在特定情境中正确使用文明礼貌三句话："你好""谢谢""对不起"。

（2）理解使用文明礼貌用语的意义，提高交往能力。

（3）理解文明礼貌用语，养成讲文明、懂礼貌的好习惯。

B组：

（1）在老师的提示下学习使用文明礼貌三句话："你好""谢谢""对不起"。

（2）在学习和生活中比较主动地使用礼貌用语，养成讲文明、懂礼貌的好习惯。

友善

C组：

（1）模仿使用文明礼貌三句话："你好""谢谢""对不起"，提高人际交往技能。

（2）养成讲文明、懂礼貌的好习惯。

三、班会重难点

在特定情境中正确使用文明礼貌三句话："你好""谢谢""对不起"，养成讲文明、懂礼貌的好习惯，提高人际交往能力。

四、课时安排

2课时。

五、班会准备

1. 经验准备

向家长了解学生平时在家使用礼貌用语的情况，观察学生在校使用文明礼貌用语的情况，并做好记录。

2. 物质准备

（1）情境图卡一组。

（2）绘本《对不起》。

3. 其他准备

（1）课件1份。

（2）相关拓展资源。

（3）"家校互动小打卡"10份。

六、班会过程

第一课时

1. 儿歌导入

听儿歌《你好歌》，让学生听一听唱得最多的一句话是什么？

导入主题：同学们，听了儿歌，我们知道遇见老师、同学和朋友的时候，应该问好，做个讲文明、有礼貌的好孩子，今天我们来学习"文明礼貌三句话"。

2. "问好"律动练习

（1）引导学生跟着音乐一起律动，当儿歌唱到"你好"时，做出"你好"的问好动作。

（2）学习打招呼的动作：举起小手，挥一挥，说"你好"。

3. 分享故事《懂礼貌的小花猫》

听了故事，大家觉得小花猫有什么突出的优点？我们应该怎样向小花猫学习？

明确：小花猫最大的优点就是懂礼貌，我们要向小花猫学习，做个讲文明、有礼貌的好孩子。

4. 情景表演

（1）利用图片提供不同情境，引导学生理解应该怎样跟人打招呼。

如在商场碰到邻居，在游乐园碰到同学等。

（2）根据图卡提供的情境，每组请两位同学模拟表演，有礼貌地打招呼。

5. 学会说"谢谢"

（1）观看情境图片，说说我们应该怎样做。

① 在餐厅里，服务员给我倒水喝。

② 放学回家的时候，警察叔叔带领我们过马路。

友善

（2）学会说"谢谢"。

根据图片提供的不同情境，在得到别人帮助的时候，我们要真诚主动地说"谢谢"。

① 向别人问路，得到他人指引。

② 同学帮我捡起掉在地上的文具。

（3）情景表演。

出示不同的情境，二至四人一组，分别扮演不同的角色，重点是引导受助者能真实自然地表达感谢。

① 在餐厅里，服务员给我倒水喝。

② 放学回家的时候，警察叔叔带领我们过马路。

③ 同学帮我捡起掉在地上的文具。

（4）聆听歌曲，升华感情。

播放音乐《听我说谢谢你》，学生一边聆听，一边配合律动，升华学生的感恩意识。

6. 课堂小结

今天我们学习了两句文明礼貌用语，在学习和生活中我们要时刻提醒自己，见人打招呼问声"你好"，得到帮助要"谢谢"。希望同学们都能成为懂礼貌的好孩子！

第二课时

1. 复习导入

（1）复习文明礼貌用语："你好""谢谢"。

（2）抢答练习，请学生看图说说应该用哪句文明礼貌用语。

① 周末去看望爷爷奶奶。

② 在游乐园遇到同学。

③ 在餐厅里，服务员给我倒水喝。

④ 在学校，老师帮我系红领巾。

（3）导入主题：我们已经学会使用文明用语问好和道谢，还有一句大家平时用得特别多的礼貌用语"对不起"，让我们一起来学习怎样用好"对不起"。

2. **学习儿歌，获得认知**

（1）聆听儿歌《对不起，没关系》。

（2）讨论明确：两位小朋友之间发生了什么事？他们是怎么解决矛盾的？

（3）情景表演。

① 请两名同学表演歌曲中的内容，他们分别用不同的语气说"对不起"。（一种诚恳，一种不情愿）

② 请其他同学评判哪位同学说"对不起"语气比较真诚自然，谁的道歉容易被对方接受。

3. **了解道歉的注意事项**

（1）在什么情况下需要说"对不起"。

（2）说"对不起"的时候，态度要友善，眼睛看着对方。

（3）跟人道歉要选择合适的时机和场所。

4. **我会说"对不起"**

（1）说一说。

根据视频内容，说出在这些情况下应该使用哪些礼貌用语。

（2）选一选。

根据图片内容，选出适合当前情境的礼貌用语。

5. **课堂小结**

同学们，我们和他人交往的时候要养成使用文明礼貌用语的好习惯。不只是在学校，在家和在其他公共场所，都要记住使用礼貌用语，希望大家都能争做一个文明有礼貌的好孩子。

七、班会建议

（1）利用"家校互动小打卡"，家校配合培养孩子在日常生活中养成讲

友善

文明、懂礼貌的习惯，强化他们使用文明用语的意识。

（2）选择学生经常接触的情境来进行模拟和练习。

八、拓展延伸

（1）学习和使用文明礼貌用语"请""再见""早上好""很高兴认识您"等。

（2）和父母一起阅读绘本《对不起》。

（3）课余时间尽量利用不同契机强化学生使用礼貌用语的行为。

九、家校互动小打卡

亲爱的爸爸妈妈：

本周我们开展了"文明礼貌三句话"主题班会活动，为了巩固和提升教育成效，请您引领、协助和督促孩子完成打卡（见下表）。谢谢您的支持和配合！

班会主题：文明礼貌三句话

打卡项目	完成情况			备注
	独立完成	部分完成	未完成	
1.碰到熟人主动打招呼说"你好"				
2.做错事情说"对不起"				
3.得到帮助说"谢谢"				
4.在合适的情境下使用文明礼貌用语				

自　律

王安石说："不患人之不能，而患己之不勉。"

信念是基础，克制与坚持会使人变得强而有力。

我的情绪我做主

一、班会背景

情绪是对一系列主观认知经验的通称，是人对客观事物的态度体验以及相应的行为反应。一般认为，情绪是以个体愿望和需要为中介的一种心理活动。情绪是一种内部的主观体验，但在情绪发生时，又总是伴随着某种外部表现，这种外部表现也就是可以观察到的某些行为特征。

智障学生在情绪感知、表达和管理方面存在不同程度的困难，他们的情绪波动现象比较突出，对于他们顺利融入社会有着较大的影响。希望通过此次班会课，引导学生学会认识和表达自己的情绪，并能较好地疏导和管理自己的情绪，做自己情绪的主人。

二、班会目标

A组：

（1）能够认识和分辨自己与他人常见的情绪（高兴、生气、伤心、害怕等），能正确表达自己的情绪。

（2）能够正确对待和管理自己的情绪，能用积极的方法宣泄自己的不良情绪。

（3）正确地面对困难和不适，逐步形成积极乐观的心理倾向。

B组：

（1）能够在真实的生活情境中认识自己和他人常见的情绪（高兴、生气、伤心、害怕等），能在引导下比较正确地表达自己的情绪。

（2）能够在老师的指导下管理自己的情绪，能配合要求用积极的方式宣泄和释放自己的不良情绪。

C组：

（1）能够在老师的提示下认识常见的情绪。

（2）能够在老师的指导下疏导和宣泄自己的不良情绪。

三、班会重难点

（1）认识高兴、生气、伤心、害怕等情绪的不同表现形式，并能结合具体情境进行分辨。

（2）正确认识自己的不良情绪，能合适地表达自己的情绪，并能用正确的方式释放自己的不良情绪。

四、课时安排

1课时。

五、班会准备

1. 经验准备

教师需提前观察和调查学生是否有亟须干预的情绪行为问题，对于情绪行为问题比较严重的学生进行功能性行为分析，了解情绪行为问题背后的原因。

2. 物资准备

（1）情绪表情彩色卡片一组。

（2）绘本《我的情绪小怪兽》《我的情绪绘本系列——我很开心》《没关系　没关系》《菲菲生气了》。

（3）镜子（安全性较高，不会被摔碎的）。

（4）眼罩。

（5）水彩笔。

（6）简笔画。

3. 其他准备

（1）课件1份。

（2）"家校互动小打卡"10份。

六、班会过程

1. 游戏引入

（1）游戏：听声音猜表情。

① 先利用课件展示游戏规则和过程。

② 参加游戏的同学用眼罩蒙上眼睛后，听老师播放一段声音。

③ 听完之后找出发出这种声音的情绪表情卡片。

（2）引出主题："我的情绪我做主"。

2. 认识情绪

（1）利用电子白板出示电子绘本《我的情绪小怪兽》，引导学生了解绘本中的人物、故事情节和其中出现的几种主要情绪。

（2）根据绘本中的故事情节，引导学生选择用对应情绪状态的彩笔将相应的简笔画涂色，进一步加深对情绪的认知。A组学生独立完成，且需在涂色之后在简笔画下面写上对应的情绪名称；B组学生能选择用对应情绪的彩笔将相应的简笔画涂色，并能说出不同的情绪名称；C组学生在老师的辅助下完成简笔画涂色。

（3）将涂色后的简笔画"罐子"和情绪表情卡片配对。

（4）说说情绪：例如，快乐，就像太阳一样明亮，和星星一样闪耀，很容易感染身边的人。把它装进罐子，罐子变成黄色，可引导学生选择黄色的彩笔将罐子涂成黄色。

3. 分辨情绪

（1）A组学生看图分辨情绪，并能写出对应的情绪名称。

（2）B组学生能说出图片中情绪的名称，并能将文字与图片配对。

（3）C组学生能分辨两种情绪（高兴和难过），根据老师提示选择相应的情绪图卡。

4. 课堂采访活动：说说你现在的心情怎么样

例如：我感觉很高兴，因为今天我得到了两朵小红花。

我感到很生气，因为小东又拿走了我的奥特曼机器人。

5. 我会处理不良情绪

（1）出示电子绘本《菲菲生气了》，引导学生观察主人公菲菲所遇到的情况，在绘本出现"菲菲生气了"之前，先让A组、B组学生猜想发生了什么事情，菲菲的情绪怎么样。

（2）利用绘本呈现"菲菲生气了"——她踢打，尖叫，她想把所有的东西都砸掉。引导同学们讨论明确：菲菲这样的行为很危险，会让自己和身边的人身体受伤。

（3）引导学生思考：菲菲会怎样处理她的情绪？菲菲生气后去爬山、去踢球……

6. 讨论

处理不良情绪的方法还有哪些？听音乐、唱歌、做手工……

7. 我会做

通过电子白板出示不同情境，让学生体会在不同的场景中可以选择积极的方法宣泄自己的情绪。

8. 课堂体验活动

播放音乐《幸福拍手歌》，请同学们跟着音乐律动，体验快乐。

9. 课堂小结

同学们，我们认识了各种不同的情绪，也懂得了情绪会因为我们经历的事情不同而有所变化。获得快乐，我们可以多跟同学分享，遇到困惑或感到生气应该及时向老师、家人求助，这样我们就会更快乐、更幸福。

自律

七、班会建议

（1）本次主题班会对于日常自我情绪管理不够好的学生来说尤为重要，课上给予他们的练习时间可以适当多一点。

（2）对于有严重情绪行为问题的学生，应和家长共同探讨如何对孩子有效地进行情绪疏导。

八、拓展延伸

（1）本次班会课只涉及简单的四种情绪：高兴、生气、伤心、害怕，对于更高级和复杂的情绪暂未涉及。对于能力较高的部分学生，可通过绘本等形式让他们了解其他不同的情绪及表现形式，并学会更多的处理自己情绪和应对他人情绪的方法。

（2）良好的家庭环境是培养学生情绪管理的重要方法，对于有情绪问题的学生，教师应加强与家长的沟通，共同促进学生的成长。

（3）亲子共读：《我的情绪绘本系列——我很开心》《没关系　没关系》。

九、家校互动小打卡

亲爱的爸爸妈妈：

本周我们开展了"我的情绪我做主"主题班会活动，为了巩固和提升教育成效，请您引领、协助和督促孩子完成打卡（见下表）。谢谢您的支持和配合！

班会课题：我的情绪我做主

打卡项目	完成情况			备注
	独立完成	部分完成	未完成	
1.能认识并表达自己的情绪				
2.能分辨他人的情绪				
3.正确处理自己的不良情绪				
4.体会绘本中人物的情绪				

合理使用网络

一、班会背景

　　网络存在于我们的衣、食、住、行等各个方面，已经成为现代人们生活中不可或缺的重要工具。智障学生自然离不开网络，身边常常都有电子产品相伴：手机、平板电脑、电话手表、电脑……但网络是把"双刃剑"，网络中的信息有好有坏，且容易上瘾，影响孩子的身心健康。智障学生认知能力和是非辨别能力有限，所以更有必要引导他们认识网络的利弊，并掌握合理健康使用网络的方法，避免受到网络有害信息的侵蚀。

二、班会目标

A组：

（1）了解常用电子产品的作用，能联网并正确使用电子产品。

（2）能分辨网络信息是否健康，正确使用网络。

（3）合理控制使用网络的时间，能有节制地使用电子产品。

B组：

（1）认识常见的电子产品，能在老师或家长的指导下联网使用电子产品。

（2）能听从指导，能有节制地联网使用电子产品。

C组：

（1）认识常见的电子产品，能在辅助下正确地使用网络。

（2）在家长指导和督促下有节制地使用电子产品。

三、班会重难点

（1）掌握正确使用网络的方法，能够依托网络使用电子产品完成必需的生活和学习活动。

（2）正确合理地使用网络，避免过度依赖甚至沉溺于电子产品。

四、课时安排

1课时。

五、班会准备

1. 经验准备

老师和家长共同进行为期一周的观察，了解学生日常使用网络的情况，用文字和视频记录学生使用网络的特点，以及需要重点关注的问题。

2. 物质准备

（1）学生常用的电子产品（家长帮忙准备居家常用的电子产品）。

（2）高度近视眼镜。

3. 其他准备

（1）课件1份。

（2）学生使用网络的视频资源。

（3）"家校互动小打卡"10份。

六、班会过程

1. 视频导入

（1）播放事先准备好的同学们日常使用网络的视频。

（2）引导A组学生总结说出视频中的同学在做什么。可能出现的回答有玩手机、玩平板、使用电话手表……

（3）观看视频：学生因为长时间使用平板，眼睛看不清物品而摔倒。

引导个别视力不好的学生说说看不清东西的难受感觉，出示高度近视学生的眼镜，请个别学生体验戴上高度近视眼镜的不便和难受。

（4）导入课题：正确使用网络。

2. 认识网络存在的安全隐患

（1）观看小视频：了解因为长期使用手机而出现的脊柱问题和视力问题。

（2）观看新闻视频：了解因沉迷网络，通宵玩游戏而猝死的案例。

（3）角色扮演，识别网络骗术。

了解网络诈骗对社会、对人们生活的干扰和影响。

① 教师扮演"骗子"，给学生分别发送不同的"大礼包"，设置"小陷阱"。

② 引导学生参与其中，体验网络诈骗的骗术。

A组、B组学生在老师的提示下完成：第一，识别骗术，不点击相关链接。第二，把手机交给父母或老师，寻求帮助。C组学生在老师的辅助下完成，当看到有人发可疑消息（图片、链接）时，不随意点开，把手机交给父母或老师。

3. 出示图片

出示正确使用网络和错误使用网络的视频、图片，引导学生进行区分和辨别。

4. 我会正确使用网络

（1）使用"青少年模式"。

出示学生经常访问的视频网站，老师示范在进入视频App或者网站时，首先点击"青少年模式"，此步骤为使用视频网站的第一步。学生在自己的手机、平板电脑和课堂使用的电脑上完成此操作三次。A组学生在观看完老师示范后独立操作完成，如遇问题，主动请老师帮忙；B组学生在老师的提示下完成；C组学生在老师的辅助下完成。

（2）控制使用电子产品的时间。

在每次使用电子产品前，均设置一个关机闹钟，闹钟的时间为10～30分钟不等，在与老师或家长协商后确定具体的时间。在课堂教学过程中，老师给出指令时间为3分钟，先示范设置关机方法，然后引导A组、B组学生完成此项操作，完成一次则立即表扬和奖励。C组则由老师设置闹钟，当闹钟响起后引导其将电子产品交给老师。

5. 课堂小结

依托网络，我们使用电子产品能更加有效和广泛地获取信息、学习知识、交流情感与了解社会。同时我们也要认识到网络只是一个工具，也可能传递不良信息，造成人身伤害，需要我们提高分辨能力与自控能力，我们要让自己成为网络的主人，让网络成为我们手中有用的工具。

七、班会建议

（1）本次班会主要是针对学生日常生活中使用网络遇到的常见问题展开，在开展本次班会活动前的观察阶段尤为重要，不同家庭背景的学生所面对的问题可能有所不同，需要有针对性地给予帮助和指导。

（2）本次班会需要给每位学生配备一个日常使用的电子产品，便于操作性学习，最好由家长提供。

（3）智障学生日常遇到复杂骗术的可能性相对比较小，先可不必展开。

八、拓展延伸

（1）本主题中所学的合理使用网络的方法需要老师和家长在日常生活中观察，并引导学生坚持执行，在执行的过程中进行及时的鼓励和奖励。

（2）在学生日常和生活中，老师和家长应不断陪伴与引导学生使用网络完成有益于身心健康的活动，如使用网络查阅资料、使用网络看电子绘本等。

九、家校互动小打卡

亲爱的爸爸妈妈：

本周我们开展了"合理使用网络"主题班会活动，为了巩固和提升教育成效，请您引领、协助和督促孩子完成打卡（见下表）。谢谢您的支持和配合！

班会课题：合理使用网络

打卡项目	完成情况			备注
	独立完成	部分完成	未完成	
1.使用视频App时打开"青少年模式"				
2.能够辨别生活中常见的网络骗术				
3.在规定的时间内关闭电子产品或者将电子产品交给家人保管				
4.上网遇到问题能主动寻求大人帮助				

自律

珍惜时间

一、班会背景

俗话说："一寸光阴一寸金，寸金难买寸光阴。"时间看不见、摸不着，时间的长短、变化和流逝，要让智障学生认知和把握这些特点，有着更大的困难。通过"珍惜时间"这节班会课引导学生懂得时间非常宝贵，培养他们珍惜时间的意识，在日常生活中能比较合理地安排时间，逐步养成珍惜时间的良好习惯。

二、班会目标

A组：

（1）了解时间流逝不可重复的特点，强化珍惜时间的意识。

（2）能参照生活、学习作息表，参加各种活动，合理安排时间。

（3）能够掌握珍惜时间的具体方法，在生活中提高管理时间的能力。

B组：

（1）了解时间流逝的特点，具有一定珍惜时间的意识。

（2）能参照生活、学习作息表，参加各种活动，生活作息比较有规律。

（3）能够掌握珍惜时间的具体方法，生活中能听从家长、老师指导，比较合理地利用时间。

C组：

（1）能听从老师指导，遵守生活、学习作息表的规定，生活作息比较有规律。

（2）能够在提示下遵守时间约定，完成相关的活动。

三、班会重难点

（1）参照生活、学习作息表，完成任务，生活作息有规律。

（2）掌握珍惜时间的具体方法，遵守时间约定，按时完成相关任务，提高管理时间的能力。

四、课时安排

1课时。

五、班会准备

1. 经验准备

请家长和教师留意学生日常生活中利用时间的习惯，对珍惜时间的行为进行表扬强化，对浪费时间的行为给予指导纠正。

2. 物质准备

（1）学生日常活动视频。

（2）学校一日作息表。

（3）拼图材料。

（4）时钟（挂钟和闹钟）。

（5）手表（包括电子表）。

（6）计时器。

（7）日历（挂历、台历各一份）。

3. 其他准备

（1）课件1份。

（2）"家校互动小打卡"10份。

六、班会过程

1. 歌曲导入

（1）播放歌曲《时间都去哪儿了》片段，结合歌词内容讨论明确：时间过得很快，一天又一天，一年又一年，我们长大了！时间一去不复返，我们无法把过去的时间找回来。

（2）导入课题"珍惜时间"。

2. 认识计时工具（材料）

（1）出示日历（挂历、台历各一份）。

讨论明确：日历是用来表示日期的工具，一年有365天，分为12个月，一个月有30天左右。我们可以通过查阅日历来计算日期，安排活动。

（2）认识常用的计时工具。

① 出示常用的计时工具：挂钟和闹钟、手表（包括电子手表）、计时器。

② 讨论计时工具在我们生活中的使用情况。

3. 一分钟比赛，感受时间

（1）教师说明规则：使用可视计时器计时一分钟，计时器响起，表示一分钟结束，学生马上停止活动。

（2）一分钟拍球比赛：两人一组，一名同学拍球，另一名同学负责计数。开启计时器的同时，宣布拍球比赛开始，到时计时器响起，请负责计数的同学报告他的同伴的拍球数量。

（3）引导同学们比较，谁拍得最多，他拍了多少次？谁拍得最少，他拍了多少次？

（4）教师小结：一分钟时间很短，只要我们加油，其实可以拍球将近一百次。看来只要我们合理利用时间，即使比较短的一段时间，也可以做很多事情。

4. 视频案例分析

（1）观看小雅和小欣两名学生早上起床与上学的小视频。

闹钟响了，小雅磨蹭着不及时起床，最后吃早餐的时间不够，还因此迟到了；闹钟响起，小欣马上起床，洗脸刷牙、吃早餐都很快，她每天早早地来到学校，从不迟到。

（2）说说小雅和小欣谁的时间管理得更好，我们应该向谁学习？

闹钟响起，小欣很快起床了，她珍惜时间，合理利用时间做好自己的事情，值得我们学习。

小雅比较拖沓，做事磨蹭，上学总迟到，需要改进。

5. 我会珍惜时间——制作时间管理表

表格左侧栏中呈现"起床、洗脸刷牙、吃早餐、上课"等文字和图片，右侧空栏需标注出对应的时间。

（1）教师示范。

对应左侧栏中的活动图片和名称，用彩笔标注出时间。

（2）学生模仿练习。

给每个学生分发一张附有表格的卡纸和彩笔。A组学生能够独立完成，B组学生能够在老师的提示下完成，C组学生能够临摹时间数字，并根据老师的语言提示挑选对应的活动图片贴在相应的时间空栏中。

6. 代币奖励

同学们在规定时间内完成相应的活动，老师或者家长就在活动的空白处贴上"小红花"，可以用小红花找家长兑换自己喜欢的物品或者活动。具体兑换规则根据学生的活动达标数量和兴趣等情况与家长协商决定。

7. 课堂小结

同学们，时间是宝贵的，我们每个人拥有的时间都是一样多。只有珍惜时间的人才会更好地利用时间，珍惜时间最好的办法是合理规划和使用时间。我们可以和爸爸妈妈商量好，尽量更多地使用计时器、"一日安排表"等方式来安排时间，养成良好的作息规律。

七、班会建议

（1）"时间"概念较为抽象，本次班会可以安排在数学课"时钟的认识"等主题学习之后开展，也可结合多种形式的活动引导学生加强对时间的体验和把握。

（2）培养智障学生珍惜时间的习惯，需要与家长更多地合作，以帮助他们强化时间管理的意识。

八、拓展延伸

（1）本次主题是为了培养学生的时间管理意识，所以对于时间表上的活动，可以根据季节、学生喜好的变化等进行更换。

（2）家长和教师需坚持进行及时强化和鼓励，帮助孩子更好地养成珍惜时间的良好习惯。

九、家校互动小打卡

亲爱的爸爸妈妈：

本周我们开展了"珍惜时间"主题班会活动，为了巩固和提升教育成效，请您引领、协助和督促孩子完成打卡（见下表）。谢谢您的支持和配合！

班会课题：珍惜时间

打卡项目	完成情况			备注
	独立完成	部分完成	未完成	
1.正确使用计时器				
2.和家人一起制定"家庭一日活动"安排表				
3.对照个人活动计划表完成相应任务				
4.按照约定完成相应任务				

拒绝毒品和烟草

一、班会背景

毒品的危害人人皆知，但依然有很多人深陷其中，导致家破人亡。对于智障学生来说，他们可能因为不清楚毒品的危险性而被动接触，从而可能导致严重后果。同时，吸烟也是我国面临的一个严峻的社会问题，吸烟人口多，且有年轻化趋势，吸烟和被动吸烟导致的肺部疾病给人们的身心造成巨大的伤害。设计本节班会课，帮助学生认识毒品和烟草的危害，学会拒绝毒品和烟草，提前预防，减少危害。

二、班会目标

A组：

（1）了解吸毒这种不良社会现象，认识毒品对个人、家庭和社会的危害，能够在生活中有意识地抵制毒品。

（2）了解吸烟的危害，认识禁烟标志及其意义，拒绝吸烟，劝诫家人戒烟或少吸烟。

B组：

（1）学生能够在提示下通过图片和视频认识"吸毒"与"吸烟"两种行为。

（2）学生能够在提示下认识禁烟标志并能够拒绝烟草。

C组：

（1）学生能够在提示下通过图片和视频了解"吸毒"与"吸烟"两种行为。

（2）在家长与老师的指导下拒绝毒品和烟草。

三、班会重难点

（1）认识毒品和烟草的危害性。

（2）在生活中学会抵制不同形式的毒品，拒绝吸烟，有意识地避免吸食二手烟。

四、课时安排

2课时。

五、班会准备

1. 经验准备

（1）观看社区禁毒知识宣传栏，了解毒品的危害和影响。

（2）调查学生周围吸烟的人群（如果方便，可调查吸烟人群的吸烟习惯：家庭中吸烟的场地、吸烟的频次以及日常吸烟的量等）。

2. 物资准备

（1）不同种类毒品的图片（视频）。

（2）香烟及打火机。

（3）不同颜色的卡纸。

（4）水彩笔。

3. 其他准备

（1）课件1份。

（2）预防毒品宣传视频、歌曲。

（3）"家校互动小打卡"10份。

六、班会过程

1. 视频导入

（1）播放"吸毒成瘾"视频片段。

（2）讨论认识毒品成瘾的危害及后果。

（3）引出主题："拒绝毒品"。

2. 认识毒品

（1）观看《禁毒宣传片》视频，了解毒品对个人、家庭和社会的危害，懂得吸毒和贩毒是严重的犯罪行为，应该受到法律的严惩。

（2）利用电子白板出示不同形态和种类的毒品图片。引导学生了解大多数毒品虽然看起来像普通感冒药品，但是实质上毒品会让人上瘾，严重影响身体健康，甚至致人死亡。

3. 拒绝毒品

（1）结合《今日说法》案例，讨论并明确我们应该怎样拒绝毒品。

① 正确交友。与有着不良品质和行为的同伴划清界限，远离歌厅、舞厅、迪厅、酒吧、游艺厅等娱乐场所，远离吸毒者。

② 保持警惕心。果断地拒绝陌生人的礼物和诱惑，遇到困扰及时寻求帮助，听取老师和父母的合理意见。

（2）角色扮演，学会拒绝毒品。

情境一：当看到有人吸食毒品时，应该及时远离。

情境二：如果有陌生人给自己送可疑食物（饮品）时，应果断拒绝，并马上告知爸爸妈妈或老师。

4. 禁毒知识抢答游戏

请社区义工进课堂，利用题板呈现的形式引导同学们结合学过的禁毒知识进行抢答。答对的同学可以获得笑脸并兑换积分，得分最高者可颁发"禁毒小英雄"勋章一枚。

5. 课堂小结

毒品严重扰乱国家和社会安定、家庭和谐，青少年应该明辨是非，远离毒品，建好坚固的心理防线，掌握一些技巧坚决抵制毒品，让自己健康快乐地成长!

第二课时

1. 图片导入

（1）利用电子白板出示"禁烟"图标，说说这是什么标志? 你在哪些地方看见过这个标志呢?

明确：禁烟标志，这种标志通常出现在学校、医院、图书馆等公共场所。吸烟不仅会给我们的身体造成伤害，而且可能造成严重的消防事故。

（2）导入课题：拒绝香烟。

2. 了解吸烟危害

（1）观看吸烟的科普视频，了解吸烟对身体的影响。

吸烟有害健康，烟草中含有毒物质20余种，烟草中的尼古丁有很强的成瘾性，是吸烟者难以戒烟的主要原因，焦油是强致癌物质。吸烟可以造成40种致命疾病，包括口腔癌、食道癌、喉癌、肺癌等。

（2）观看吸烟引起火灾的新闻视频。

明确：吸烟可能导致火灾，给家庭和社会造成巨大的损失。

3. 了解目前吸烟问题的社会现象

目前我国有3.5亿烟民，其中青少年烟民达5000万。有关专家表示，我国目前存在吸烟低龄化的倾向。调查显示，当下我国开始吸烟的人平均年龄为19.7岁。现今中国已有很多地方发起了全民戒烟运动，尤其在青少年群体中广泛进行宣传，提高青少年的控烟意识，拒绝或谢绝吸烟。

4. 拒绝烟草

（1）远离有吸烟习惯的人，尽量不要进入吸烟场所;看到有人正在吸烟，自行离开到没有烟味的地方。

（2）通过"感冒咳嗽"等借口，礼貌地拒绝别人递来的烟；也可以通过摆手示意等方式拒绝。

（3）看到家人或朋友吸烟，提醒他们不吸烟或少吸烟。

5. 拒绝烟草，我们在行动

（1）提醒正在吸烟的家人不吸烟或少吸烟。

（2）亲子互动：我们一起努力，做到"戒烟"或"少烟"。

写给爸爸的一封信（一句话）：亲爱的爸爸，请珍爱您的身体，让我督促您戒烟！

书写有困难的同学，老师辅助完成；也可以通过画画等方式表达对爸爸的关心。

（3）夸赞不吸烟的家人。

如果爸爸（妈妈）不吸烟，我们可以给他（她）写一封信：

亲爱的爸爸（妈妈），您是我们的好榜样！因为您不吸烟，让我们拥有了更加健康的生活环境！

6. 课堂小结

通过学习，我们了解了吸烟的危害，吸烟就是慢性自杀。禁烟，不但自己要抵挡外界的诱惑，还要劝诫身边的人戒烟。作为学生，我们更应该远离烟草，这样才能健康地成长。让我们一起来创造一个无烟的环境吧！

七、班会建议

（1）本次主题班会相对来说比较容易被轻视，大家可能会倾向于认为智障学生没有机会接触毒品，容易忽视他们被动接受毒品危害的可能性，其实他们非常需要这方面的安全教育。

（2）智障学生直接接触到冰毒、海洛因等毒品的可能性较小，用心不良者可能会通过把毒品添加到其他食物中导致学生误食，所以应强化学生学会拒绝陌生人食物的意识。

自律

八、拓展延伸

（1）加强与家长的互动，尤其是吸烟的家长，建议他们不吸烟或少吸烟，身先示范，做好孩子的榜样。

（2）因为智障学生的安全意识比较薄弱，且容易被食物诱惑，不易分辨陌生人的行为目的。仅仅通过一节课显然无法让学生学会拒绝陌生人诱惑的技能，需要家长结合生活情境进行引导和训练。

九、家校互动小打卡

亲爱的爸爸妈妈：

本周我们开展了"拒绝毒品和烟草"主题班会活动，为了巩固和提升教育成效，请您引领、协助和督促孩子完成打卡（见下表）。谢谢您的支持和配合！

班会课题：拒绝毒品和烟草

打卡项目	完成情况			备注
	独立完成	部分完成	未完成	
1.找出公共场所的禁烟标志				
2.主动远离正在吸烟的人，拒绝吸二手烟				
3.劝诫家人和朋友不吸烟或少吸烟				
4.不独自去歌舞厅、酒吧等场所				

自 强

《象传》语："天行健，君子以自强不息。"

带着梦想的种子出发，逐梦而行，风雨兼程，不言放弃。

成功之门总是向进取有为的人敞开。

我会照顾自己

一、班会背景

    智障学生智力明显低于一般水平，且适应行为方面有着不同程度的损伤。提高智障学生的自我照顾能力和生活适应能力，促进其更好地回归社会，是培智教育教学的重要目标。智障学生在校学会照顾自己，可以更好地适应学校生活，个人适应能力的提升将促进他们更好地学习和生活，为他们更好地融入社会奠定良好的基础。

二、班会目标

A组：

（1）能独立完成生活中自我照顾的有关活动。

（2）懂得自己的事情自己做的道理，养成良好的自我服务习惯。

（3）形成自我服务的独立意识。

B组：

（1）能独立完成穿衣服、整理书包、用餐等活动。

（2）初步懂得自己的事情自己做的道理。

（3）强化自己的事情自己做的意识。

C组：

（1）在辅助下，会用水杯打水、自己喝水。

（2）懂得上厕所会用举手等方式表达要上厕所的要求。

（3）能配合要求做好自己力所能及的事情，强化自我服务意识。

三、班会重难点

（1）懂得自己的事情自己做的道理，养成良好的自我服务习惯。

（2）强化自我服务意识，有一定的自我服务能力。

四、课时安排

2课时。

五、班会准备

1. 经验准备

（1）拍摄学生小明在家的日常生活视频。

（2）事先准备日常生活中学生自己照顾自己的图片：整理书包、打水、喝水、上厕所、扔垃圾、排队等生活照片。

2. 物质准备

（1）水杯。

（2）书包。

（3）纸巾。

（4）衣服、汗巾等。

（5）学生日常生活图片一组。

3. 其他准备

（1）课件1份。

（2）"家校互动小打卡"10份。

自强

六、班会过程

第一课时

1. 视频导入

请学生观看一段我校学生小明在家生活的小视频，提问：同学们，你们觉得小明的行为好不好？为什么？

（视频内容：起床时妈妈帮小明穿衣服；早餐时，妈妈为他盛饭、剥鸡蛋壳，还喂他吃饭；出门前，妈妈帮小明整理书包，帮他穿鞋子；来到教室，小明渴了，让同桌帮他打水；流鼻涕不主动拿纸巾擦。）

2. 我会穿衣服

重复呈现小明起床、妈妈帮他穿衣服的视频片段。

（1）议一议：同学们平时是自己穿衣服还是需要妈妈帮忙穿？

（2）说一说：我是这样做。

A同学：我可以自己穿衣服，不用妈妈帮忙。

B同学：我可以自己穿衣服，但是不会扣纽扣和拉拉链。

C同学：我自己穿衣服，但有时需要妈妈帮忙整理一下。

（3）练一练：观看穿衣教学视频。

学习穿套头衫，学习扣纽扣，学习拉拉链。

3. 我会自己用餐

重复播放小明吃早餐的视频。

（1）说一说：采访2~3名同学，请他们分别说说用餐是否是自己独立完成。

（2）仿一仿：学生展示自己握勺子、拿筷子、盛饭、舀汤动作。

（3）练一练：练习握勺子、拿筷子。

（4）比一比：分组比赛。

A组学生：比赛用筷子夹豆子。

B组学生：比赛剥鹌鹑蛋。

C组学生：比赛用勺子舀汤。

4. 课堂小结

同学们，我们都明白了自己的事情自己做的道理，那么就让我们从自己穿衣服、自己吃饭开始做起，我们可以把自己照顾得很好。

第二课时

1. 回顾旧知

上节课我们学习了独立穿衣服和独立用餐。请大家想想生活中还有哪些事情我们应该自己完成呢？

2. 播放小明妈妈帮他收拾书包的视频

（1）说一说：应该怎样整理书包。

A同学：我把所有文具都放进书包就可以了。

B同学：我先将文具分类，再放入书包。

（2）做一做。

我们现在将自己书包里的物品都拿出来，然后大家整理自己的书包，老师看一看大家是怎样整理书包的。

（3）观看整理书包视频，学习整理书包。

（4）比一比：评选"整理书包小能手"。

3. 我会喝水

（1）辨认并找到自己的水杯。

（2）知道教室附近直饮水的位置。

（3）学会自己打水、喝水。

（4）喝水后将水杯放回原位，摆放整齐。

在整个流程中，教师提出要求，程度好的学生先做示范，其他学生模仿按照要求完成，C组学生在班级管理员的协助下完成。

4. 我会擦鼻涕

（1）试一试。

老师给学生发纸巾，学生尝试擦鼻涕。

（2）教师示范，学生练习。

学生模仿老师擤鼻涕：将纸巾叠成合适的大小和厚度，用纸巾捏住鼻头，鼻腔用力往外擤鼻涕，纸巾包住擤出来的鼻涕，再把纸巾往中间叠好后扔进垃圾桶。

5. 课堂小结

我们学习了穿衣服、用餐、整理书包、打水喝和擤鼻涕等多种技能，希望大家学以致用，平时在家也能坚持练习，学会更好地照顾自己。

七、班会建议

（1）可以根据学生生活自理程度挑选其中相应的内容进行教学。

（2）对于B组、C组学生，需要一定的辅助和示范，练习中注意及时地给予学生肯定和表扬，强化学生的自我服务意识。

八、拓展延伸

根据学生生活自理程度布置家庭作业，可以是晾衣服、叠被子等，让家长拍照片或视频记录下来，促使学生在家中学会自我照顾和不断进步。

九、家校互动小打卡

亲爱的爸爸妈妈：

本周我们开展了"我会照顾自己"主题班会活动，为了巩固和提升教育成效，请您引领、协助和督促孩子完成打卡（见下表）。谢谢您的支持和配合！

班会课题：我会照顾自己

打卡项目	完成情况			备注
	独立完成	部分完成	未完成	
1.自己穿衣服				
2.会使用筷子吃饭				
3.会整理书包				
4.正确擦鼻涕				

自
强

独特的我

一、班会背景

王登峰教授指出，在青少年阶段保持心理健康，促进人格健全发展，其核心就在于如何看待自己。但在实际生活中，很多中小学生还不够了解自己，对于自我的认识不足主要有两种表现：一是过分自负；二是过分自卑。智障学生对自己的认知更容易出现偏颇，他们容易自卑和自我否定，很少能关注和发现自己的优点。少数智障学生因为某方面能力比较突出，容易产生自负心理，也因此容易导致他们不太能接受失败，在挫折面前容易一蹶不振。只有比较客观、全面地认识自我，才能更加自信、自强，拥有健康人生。

因此本节课主要通过绘本等形式，让智障学生从不同的角度认识自己，了解自己，形成积极的心态，自信自强地面对生活和学习，促进他们更好地发展自己、提升自己，拥有健康、幸福的生活。

二、班会目标

A组：

（1）理解自己是独特的个体。

（2）懂得要从多方面认识和评价自己，了解自我认知的途径。

（3）客观认识和评价自己，肯定优点，克服缺点，树立自信心。

（4）正确对待他人的评价，形成比较清晰的自我整体形象。

B组：

（1）初步理解自己是特别的。

（2）在指导下比较客观地认识和评价自己，肯定自己的优点，树立自信心，并能找出自己的主要缺点。

（3）初步形成自我整体形象。

C组：

（1）能在提示和鼓励下展示自己的优点。

（2）能配合要求做好自己的事情，表现出一定的自信心。

三、班会重难点

懂得要从多方面认识自己，了解认识自己的途径；看到自己的优缺点，树立自信心，正确地面对他人的评价。

四、课时安排

2课时。

五、班会准备

1. 经验准备

与爸爸妈妈一起找找自己的特征和优点。

2. 物质准备

绘本彩色打印并过塑（1套）、卡纸、彩笔、手指画颜料、白色的绘画用的圆盘、两片树叶。

3. 其他准备

（1）课件1份。

（2）"家校互动小打卡"10份。

六、班会过程

第一课时

1. 图片导入

（1）课件呈现几个特征迥异的小朋友的正面脸部图片。

提问：你们看到了什么呢？他们有什么特点？

（2）讨论明确：我们看到了几个小朋友的脸，他们各不相同，各自的特征非常突出。

（3）今天我们一起来阅读一本特别的绘本《你是特别的，你是最好的》。

2. 分组活动

（1）分成四组，小组互动学习。

① 每组2~3名同学，异质性分组。

② 每组分发7张卡片。

③ 每组分别练习熟练地诵读并讨论卡片上的句子。

④ 小组展示，分享自己小组对绘本的理解。

（2）整体诵读并带领学生整体理解绘本内容。

3. 绘本启示

（1）利用问题引发学生思考，在学生不同答案的基础上，引导学生感受多元化、独特性。

例如："为什么不会跳舞没有关系呢？""为什么掉了一颗牙没关系呢？"

（2）教师小结：我们每位同学都是与众不同的，我们每个人都有鲜明的特点，都是独特的。

4. 发现"与众不同的我"

（1）请同学们用"我的一个缺点+没有关系"说一句话。把同学们的话写在事先准备的一张大卡纸上。

例如：我长得有点胖，没关系！

我长得有点矮，没关系!

（2）利用课件展示学生具体独特性的照片，请同学们分别说说自己的突出特征。

5. 课堂小结

我们每个人都是独一无二的个体，都有自己的特征、兴趣等，跟别人不一样没关系，你就是最好的自己。

第二课时

1."手掌画"活动

（1）事先准备好白纸、手指画颜料（颜料安全、可以洗掉）。

学生围坐在大桌子周围，白纸放中间。

（2）请同学们把自己的小手粘上颜料，在白色的纸盘上印上自己的手掌印。

（3）印完之后，学生洗手。

（4）老师转纸盘，请同学们找出自己的手掌印。

（5）讨论分享。

同学们，你是如何找到自己的手掌印的?

分享总结：每个人的手掌都是独特的、不一样的。

就像老师手中的两片树叶，它们是从同一棵树的同一个树枝上摘下的，然而它们也是不同的。

2. 发现我眼中的自己

（1）请同学们在自己的手掌纸盘中写上自己的名字。

（2）请学生用"我是一个……的人"写出（说出）自己的特点。

（3）教师小结：同学们写的特点主要分两个方面。

生理的特点：身高、外貌等。

心理的特点：性格、兴趣、特长等。

（4）分享交流。

我是一个长得高高的，喜欢打篮球的快乐男孩儿。

我是一个眼睛圆圆的，喜欢看书的小书虫。

3. 看看他人眼中的自己

（1）请同学们把印有自己手掌印的纸盘向右传给下一位同学，现在每位同学手中都有一位别的同学的手掌印纸盘，请同学们写出（说出）这位同学的优点。

（2）轮流一圈，直到自己的手掌印纸盘回到自己手里。

（3）书写有困难的同学，老师辅助完成书写。

（4）分享你的感受。

看到同学们发现了你那么多优点，你的心情怎么样呢？重新认识自己，原来自己有那么多以前从来都不知道的优点。

分享后总结：同学们找到了我的很多优点，他们的评价让我很开心。

4. 发现独特的我

讨论并分享：你重新发现了自己的哪些与众不同？你看到了自己哪些优点？

5. 课堂小结

我们每个人都是独特的，我们需要从不同的角度认识自己，了解自己，更加地爱自己，不断自我成长，成为更优秀的自己。

七、班会建议

（1）"手掌画"环节要用到颜料，需注意安全和卫生。

（2）能力相对较弱的学生，自我评价不够清晰，需要一定的辅助和示范，以提高他们对自己的正确认识。

（3）"看看他人眼中的自己"环节，可提前进行互评活动，让学生更多地了解别人，发现他人的优点。

八、拓展延伸

引导智障学生客观地、比较全面地认识和评价自己，有着较大的难度，可以在课前取得家长的协助，学科教师配合等形式进行适当的渗透，为本节课教学提供支持。

九、家校互动小打卡

亲爱的爸爸妈妈：

本周我们开展了"独特的我"主题班会活动，为了巩固和提升教育成效，请您引领、协助和督促孩子完成打卡（见下表）。谢谢您的支持和配合！

班会课题：独特的我

打卡项目	完成情况			备注
	独立完成	部分完成	未完成	
1.量量自己的身高，说说自己的变化				
2.说出自己的兴趣、爱好				
3.说出自己的优点				
4.认识自己的不足				

自
强

我能行

一、班会背景

由于智力损伤，智障学生的认知能力和解决问题能力都有着不同程度的障碍，因此他们遇到困难时有较大的畏难情绪，容易产生退缩的行为问题。

本次班会课主要设计了团体游戏、活动体验等环节，让智障学生积极面对困难和挑战。通过体验活动，获得一些成功的经验，并逐渐把这些经验拓展到他们的学习、生活中，以提高他们面对困难的勇气和力量，促进他们更好地适应学校生活、家庭生活和社会生活。

二、班会目标

A组：

（1）能积极参加游戏，在游戏过程中勇于面对困难、克服困难。

（2）有团队意识，尝试运用身边资源解决问题。

（3）提高学生勇于面对困难、积极解决问题的能力，增强自信心。

B组：

（1）能参与游戏，尝试在游戏过程中面对困难、克服困难。

（2）有团队意识，在老师的提示下尝试运用身边资源解决问题。

（3）提高学生勇于面对困难、不怕挑战的能力，自信心有所提升。

C组：

（1）能在老师的指导下参与游戏。

（2）能在老师的鼓励下尝试克服困难。

（3）能配合团队成员完成任务。

三、班会重难点

（1）能积极主动参与团队活动，敢于面对困难，提高自信心。

（2）遇到困难能想办法，能寻求资源，与人合作克服困难。

四、课时安排

1课时。

五、班会准备

1. 经验准备
收集并分享学生克服困难、取得进步（成功）的一次比赛（案例）。

2. 物质准备
团体活动所需道具：小球1个、水管若干、水盆、呼啦圈5个、报纸、胶带。

3. 其他准备
（1）课件1份

（2）"家校互动小打卡"10份。

六、班会过程

1. 谈话导入
同学们，今天我们一起玩闯关游戏，看看我们班的同学能否一起克服困难，勇敢闯关！我相信大家都能行！

闯关一：共同努力，运送食物

（1）活动规则。

① 岛上有一群人，因为大雨，被隔离在岛上好几天，没有食物，急需支援，请大家一起努力把食物运到这个岛上，食物（小球）不落地才算成功完成。

现在有一包食物（小球），请同学们想办法把食物运到岛上指定的位置（用水桶、脸盆之类的器皿作为标志）。

② 注意事项：除了装食物，在整个运送食物的过程中，手不能碰到食物（小球），并且食物（小球）不能从指定位置蹦出来，这样才算成功。

③ 活动设置障碍：球会掉下，会蹦出来，可能需要用手帮忙。结合学生在活动中的实际参与和完成程度，可以适当调整游戏规则。

（2）游戏体验。

第一步，让学生分组探索、尝试合作运送食物。

第二步，如果出错，引导他们尝试采用不同的方法。

第三步，与同学合作或在同学的协助下完成游戏，获得成功。

（3）游戏感悟分享：讨论分享游戏过程和个人所获得的感受，总结成功经验。

闯关二：齐心协力，营救行动

（1）活动规则。

①雨停了，岛上的人员要想办法坐船回到岸边，才能真正安全。同学们利用手头资源，做一艘"大船"，所有人都要坐上这艘船，一起回到岸边。

②提供资源：报纸、透明胶。

③示范：要做成轮子形状的圆圈，所有人站里面，从小岛的位置以滚动的形式到达陆地（设置目的地）。

④学生一起合作制作"大船"。

⑤ 一起合作，通过滚动"大船"和每个人的走动，船不能断开，双脚要在"大船"上，大家一起配合到达陆地（目的地）。

（2）活动设置障碍：合作制作"大船"，船不能断开，双脚必须在船上。

结合学生在活动中的实际情况，老师决定是否参与以及提供支持的程度。

整个过程，老师要多鼓励全体学生参与到游戏过程之中。

（3）游戏体验。

第一步，让学生自主探索、尝试解决问题。

第二步，如果船断开，脚着地，引导学生尝试用不同的方法。

第三步，教师鼓励，学生通过合作到达目的地，取得成功。

（4）游戏感悟分享：分享游戏过程中的个人感受，并总结成功经验。

2. 课堂小结

同学们，刚才我们在闯关营救的过程中遇到了很多不同的困难，但是同学们一起想办法，团结协作，共同克服了困难，挑战成功，恭喜你们！特别要表扬我们有些同学在游戏过程中，不光自己做得很好，还能去激励和帮助其他同学坚持下去！

我们在生活中也会遇到各种各样的困难，不怕困难，勇敢面对，积极想办法，我们一定能战胜它！

七、班会建议

（1）活动过程中，要对一些游戏规则做详细讲解，若有必要的话可适当示范，以保证智障学生能较好地理解规则。

（2）游戏过程中，要多鼓励学生，并及时肯定他们的积极表现，更好地激发他们参与游戏的热情和积极性。

八、拓展延伸

通过亲子互动游戏活动（目标投掷、颠乒乓球、夹豆子等），加强亲子互动，家长陪伴并引领孩子参加游戏体验活动，及时肯定孩子的进步，鼓励孩子自信的表现，增强孩子的自信心。

九、家校互动小打卡

亲爱的爸爸妈妈：

本周我们开展了"我能行"主题班会活动，为了巩固和提升教育成效，请您引领、协助和督促孩子完成打卡（见下表）。谢谢您的支持和配合！

班会课题：我能行

打卡项目	完成情况			备注
	独立完成	部分完成	未完成	
1.和父母合作完成一个游戏				
2.独自下楼丢垃圾				
3.独自下楼取快递				
4.和家人合作做一道简单的家常菜				

我的理想

一、班会背景

理想是对未来事物的美好想象和希望，是人们在实践过程中形成的、有实现可能性的、对未来社会和自身发展的向往与追求，是人们的世界观、人生观和价值观在奋斗目标上的集中体现。没有理想就会迷失方向，就会失去前进的动力，中小学阶段正是树立理想、明确人生目标的重要时期。智障学生由于智力明显低于正常人的一般水平，且适应行为方面有不同程度的损伤，学习生活对他们有一定的挑战性，这会造成智障学生有畏难情绪，学习积极性有待提高。

对智障学生进行理想教育十分重要，只有引导他们明确自己的理想和努力方向，才能提高其学习、生活方面自强自立的意识，从而获得更大的成长动力。

二、班会目标

A组：

（1）了解理想的内涵和意义。

（2）对自己的理想和未来有所认识与理解，联系生活实际，树立自己努力的目标。

（3）提高生活和学习方面的积极性、主动性，增强自立、自强的意识。

B组：

（1）初步了解理想的内涵和意义。

（2）对自己的理想和未来有所认识与理解，在引导下能找到自己努力的方向。

（3）提高学生生活和学习方面的积极性、主动性，增强自立意识。

C组：

（1）提高学生生活和学习方面的积极性、主动性。

（2）在老师的帮助下确立自己的努力目标。

三、班会重难点

（1）体验并认识理想的内涵和意义。

（2）提高学生行动的积极性，增强自立、自强的意识。

四、课时安排

1课时。

五、班会准备

1. 经验准备

（1）参观学校职业教育部。

（2）收集智障学生的励志故事（视频）。

（3）观看参加特奥运动会、全国残疾人运动会比赛获奖照片。

2. 物质准备

（1）职业教育部学生训练照片。

（2）特奥运动会奖牌若干。

3. 其他准备

（1）课件1份。

（2）"家校互动小打卡"10份。

六、班会过程

1. 观看视频，导入课题

（1）播放某洗车中心哥哥们工作以及接受采访的视频片段。

（2）老师提示：洗车中心的哥哥们大部分曾经在我校上学，毕业后找了洗车的工作。他们工作非常认真、踏实，他们用自己的劳动获得了比较稳定的收入，因而能自食其力，为父母分担压力。他们觉得很开心，很有成就感。

（3）导入主题：同学们看了那些哥哥的表现，肯定会有很多感受。你们有什么理想呢？我们一起来学习"我的理想"一课，也许能够找到你们想要的答案。

2. 走入职业教育部

（1）请学生观看一段我校职业教育部学生学习专业技能的视频。

（2）说一说：这些哥哥姐姐在做什么呢？

利用图片呈现，讨论明确：职业教育部的哥哥姐姐在学习不同的专业技能——中式厨艺、西式面点、插花等。他们认真学习不同技能，为毕业后的就业奠定了基础，这样才有机会实现就业的理想。

（3）呈现职业教育部各专业的名称和图片。

西式面点、中式厨艺、客房服务、洗衣服务、中国结艺术、插花艺术、园林艺术、工艺美术、快递运营、商品运营、电子商务、餐饮服务、办公软件等。

（4）想一想：你比较喜欢上面介绍的哪些专业？

3. 认一认：我们身边的榜样

（1）呈现职业教育部部分毕业学生的工作照片，了解他们现在从事的工作。

（2）通过小视频，听听他们的故事。

（3）猜一猜：他们找到工作，心情怎样呢？

讨论明确：有了工作，可以赚钱，可以养活自己，他们觉得开心又自豪！

（4）说一说：我们从这些哥哥姐姐身上学到了什么？

4.赞一赞：我们的特奥运动"英雄"

（1）呈现我校学生参加特奥运动会、全国残疾人运动会比赛和获奖的视频（照片），并出示特奥运动奖牌实物。

（2）赞一赞我们的特奥运动"英雄"，并说说他们是怎样做到的。

讨论明确：我校部分同学曾代表深圳市、广东省甚至中国参加多次特奥运动会和残疾人运动会，取得了了不起的成绩，所有奖牌都是他们用汗水和拼搏换来的，他们是我们的骄傲，是了不起的特奥运动会"英雄"。他们的拼搏精神值得我们学习！

5.理想"宣言"

提问：那些哥哥姐姐能从我校职业高中毕业后找到工作，做自己喜欢的事情，我们应该祝贺他们。你们长大了想做什么呢？

（1）请同学们根据图片提示选择长大后想做的工作。

（2）引导A组个别学生根据选好的图片，上台向大家宣布自己的理想：长大了，我要成为厨师（办公文员、快递员等）。

（3）每位同学上台，分别发表"宣言"，大声说出自己的理想。

6.制作"心愿卡"——写给未来的自己

（1）制作"心愿卡"：教师准备精美的心愿卡纸，引导学生写出自己的心愿。

例如：今后我要做大厨师，平时在家要多跟着妈妈学择菜、炒菜。升入职高后，我要努力考取厨师资格证，争取成为一名优秀的大厨师。

（2）引导学生读出自己的"心愿卡"，并把心愿卡贴在板报的"心愿栏"。

7.课堂小结

祝福我们每位同学都拥有了一个美好的理想，希望大家从每天做起，每天进步一点点，早日实现自己的理想。

七、班会建议

（1）课前对学生的职业认知进行一定的评估，尽量挑选智障学生比较熟悉的职业进行引导。

（2）可以结合生活适应、劳动技能、家政等学科的主题资源进行渗透教学，帮助学生发现自己的兴趣和特长，更好地确定自己的努力目标。

八、拓展延伸

（1）向学生介绍自己的职业以及自己工作的内容和要求。

（2）亲子互动游戏："我是快递员"——孩子扮演"快递员"，父母扮演"客户"，通过互动活动，体验快递工作的责任和快乐。

九、家校互动小打卡

亲爱的爸爸妈妈：

本周我们开展了"我的理想"主题班会活动，为了巩固和提升教育成效，请您引领、协助和督促孩子完成打卡（见下表）。谢谢您的支持和配合！

班会课题：我的理想

打卡项目	完成情况			备注
	独立完成	部分完成	未完成	
1.了解父母的职业				
2.说说自己喜欢的职业				
3.参加社区职业体验活动				
4.说出自己熟悉职业的工作特点和职业要求				